안녕하세요
1분요리 뚝딱이형 입니다
여러분들의 소중한 한끼에
작은 보탬이 될 수 있어서
영광입니다
뚝딱!

뚝딱이형 지음

1분 요리 뚝딱이형

초판 발행 · 2023년 6월 22일
초판 9쇄 발행 · 2025년 6월 30일

지은이 · 뚝딱이형
발행인 · 이종원
발행처 · (주)도서출판 길벗
출판사 등록일 · 1990년 12월 24일
주소 · 서울시 마포구 월드컵로 10길 56(서교동)
대표전화 · 02)332-0931 | **팩스** · 02)323-0586
홈페이지 · www.gilbut.co.kr | **이메일** · gilbut@gilbut.co.kr

편집 팀장 · 민보람 | **기획 및 책임편집** · 방혜수(hyesu@gilbut.co.kr) | **제작** · 이준호, 손일순
영업마케팅 · 정경원, 김진영, 조아현, 류효정 | **유통혁신** · 한준희 | **영업관리** · 김명자 | **독자지원** · 윤정아

디자인 · 박찬진 | **교정** · 박수영
CTP 출력 · **인쇄** · **제본** · 상지사 피앤비

· 이 책은 저작권법의 보호를 받는 저작물로 이 책에 실린 모든 내용, 디자인, 이미지, 편집 구성은 허락 없이 복제하거나 다른 매체에 옮겨 실을 수 없습니다.
· 인공지능(AI) 기술 또는 시스템을 훈련하기 위해 이 책의 전체 내용은 물론 일부 문장도 사용하는 것을 금지합니다.
· 잘못 만든 책은 구입한 서점에서 바꿔 드립니다.

ⓒ 뚝딱이형

ISBN 979-11-407-0466-8(13590)
(길벗 도서번호 020212)

정가 22,000원

독자의 1초까지 아껴주는 길벗출판사
(주)도서출판 길벗 | IT교육서, IT단행본, 경제경영서, 어학&실용서, 인문교양서, 자녀교육서 www.gilbut.co.kr
길벗스쿨 | 국어학습, 수학학습, 어린이교양, 주니어 어학학습, 학습단행본 www.gilbutschool.co.kr

(일러두기)

- 저자의 글맛을 살리기 위해 어투와 맞춤법은 저자 고유의 스타일을 따릅니다.
- '잼민이'는 저자가 늦둥이 사촌 동생에게 사용하는 애칭입니다.
- 이 책의 계량은 밥숟가락을 기준으로 합니다. 1큰술 기준 액체류는 8㎖, 장류는 16g, 가루류는 10g입니다. 1컵은 180㎖ 기준입니다. 계량법에 따라 오차가 생길 수 있으니 16쪽을 꼭 참고해주세요.
- 소금, 설탕, 조미료 등의 양념은 각자의 입맛에 따라 조절하여 넣으면 됩니다. 매운 맛, 짠 맛, 감칠맛은 '밖에서 사 먹는 맛'을 기준으로 설정했습니다.

프롤로그

행복과 진심을 전하는
맛보장 레시피

안녕하세요, 유튜브 '1분 요리 뚝딱이형' 채널을 운영하는 뚝딱이형입니다.

'이 집은 왜 유독 맛있을까?'라는 진지한 호기심에서 저의 요리 여정은 시작되었습니다. 맛집만이 갖고 있는 비법이 뭔지 알아내기 위해 집착이라고 할 수 있을 정도로 수많은 시도를 하며 조금씩 답을 찾아 나갔습니다. 조리법이나 식재료를 바꾸고 추가하면서 하나씩 이유를 알아낼 수 있었고, 그렇게 오랜 기간 쌓아온 저의 노하우를 그저 다른 사람들과 공유하고 싶었을 뿐이었습니다.

감사하게도 유튜브 크리에이터 활동을 시작한 초창기 때부터 유튜브의 '유'자도 모르는 신입 유튜버인 저에게 분에 넘치는 관심과 사랑을 주셨고, 이로부터 진심 어린 조언과 피드백을 얻을 수 있었습니다. 그중 레시피를 한눈에 보기 쉽게 책으로 만들어 주었으면 하는 의견이 다수 있어서 진지하게 생각해 보던 중에 마침 지금의 출판사로부터 요리책을 함께 만들어 보자는 제의를 받았습니다.

저에게 요리책은 유튜브 활동을 시작했던 그때와 버금가는 새로운 도전으로 다가왔습니다. 영상 콘텐츠와는 달리 책은 독자 여러분이 돈을 내고 구매하는 것이기에 부담감이 있었습니다.

그래서 많은 독자들에게 꾸준한 사랑을 받기 위해서는 '평생 써먹는 맛보장 레시피'를 꾹꾹 눌러 담아야 한다는 생각이 들었습니다. 1분 요리 뚝딱이형 영상의 부족한 점을 보완한 '완벽한 레시피'를 담아내기로 마음먹고 여러분들께 사랑받은 100가지 레시피를 엄선하여 연구하고 또 연구했습니다. 댓글을 남겨주신 여러분들의 수많은 피드백을 수렴하여 요리 초보자들도 실패없이 만들 수 있도록 영상의 레시피를 보완했고, 1분 안에 압축해서 보여주는 저의 영상 컨셉으로 인해 미처 전하지 못했던 세세한 요리 꿀팁들도 담아보았습니다. 그리고 보기에도 편한 레시피를 위해 제가 직접 하나씩 재촬영을 진행한 끝에 지금의 요리책이 탄생하였습니다.

주변에 한 명쯤은 있는, 요리 좀 하는 형이 친근하게 소개하는 레시피가 저마다의 스토리를 가진 여러분의 인생에 소소하겠지만 확실한 행복을 준다는 것은 그동안 저에게 큰 동력이 되었습니다. 이 책이 지금까지 '1분 요리 뚝딱이형'을 응원 해주신 많은 분들께 하나의 작은 보답이 되었으면 좋겠습니다. 뚝딱이형이 알려주는 레시피로 만든 요리가 누군가에겐 소중한 사람과 함께하는, 누군가에겐 꿈과 가까워지는, 누군가에겐 하루의 고단함을 씻겨주는 시간이 되어 조금이나마 더 행복해지길 바랍니다.

끝으로 이 책이 독자 여러분들께 가기까지의 1년여의 시간 동안 함께 고생하시고, 꼼꼼한 조언과 더불어 아낌없이 지원해 주신 방혜수 에디터님, 박수영 교정자님, 박찬진 디자이너님께 감사의 인사를 드립니다.

2023년 6월 뚝딱이형

목차

프롤로그 · 4
뚝딱이형의 계량법 · 16
뚝딱이형의 레시피 원칙 · 18

뚝딱이형의 기본 양념 · 14
뚝딱이형의 재료 써는 법 · 17
뚝딱이형에게 궁금해요! · 19

PART 1.
유명 맛집의 맛을 그대로 재현한 뚝딱 레시피

1. 고추장찌개 24
2. 된장찌개 26
3. 부대찌개 28
4. 김치찌개 30
5. 묵은지곱도리탕 32
6. 곱창전골 34
7. 차돌육개장칼국수 36
8. 청국장 38
9. 로제찜닭 40
10. 닭볶음탕 42
11. 매운소갈비찜 44
12. 두부조림 46

PART 2.
초보가 요리 잘하는 척하기 딱 좋은 뚝딱 레시피

31 동태찌개 86
32 통삼겹김치찜 88
33 돼지고기짜글이 90
34 다시마보쌈 92
35 매운등뼈찜 94
36 등뼈칼국수 96
37 꽁치김치찜 98
38 삼겹살간장조림 100
39 간장두부조림 102
40 된장짜글이 104
41 두부두루치기 106
42 닭갈비 108
43 원팬잡채 110
44 찹스테이크덮밥 112
45 빨간어묵 114

46
콩나물불고기
116

47
오리불고기
118

48
고추장마늘보쌈
120

49
명란비지찌개
122

50
닭한마리 칼국수
124

51
고기국수
126

52
치즈밥
128

53
된장술밥
130

54
김치삼겹살솥밥
132

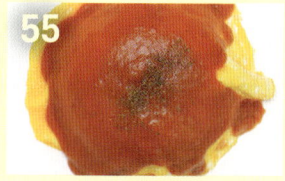
55
오므라이스
134

56
마늘보쌈
136

57
불고기샌드위치
138

58
통새우전
140

59
마라통삼겹조림
142

PART 3.
평범한 요리도 특별하게 만드는 뚝딱 레시피

60 돼지갈비감자탕 146	61 닭떡볶이 148	62 매운돼지갈비찜 150
63 간장돼지갈비찜 152	64 국물 없는 김치찌개 154	65 등갈비김치찌개 156
66 찜닭 158	67 간장닭조림 160	68 계란볶이 162
69 버터치킨카레 164	70 유자등갈비조림 166	71 낙지볶음 168
72 분식집떡볶이 170	73 항정살꽈리고추조림 172	74 쫄면 174

75 국물제육볶음 176

76 얼큰떡국 178

77 된장삼겹살 180

78 소고기된장국수 182

79 빨간잡채 184

80 김치전 186

81 오징어젓갈볶음밥 188

82 홍합죽 190

83 고깃집볶음밥 192

84 순두부대찌개 194

85 마라크림파스타 196

PART 4.
즉석조리식품을 이용한 맛보장 뚝딱 레시피

고추참치순두부찌개
200

고기짬뽕라면
202

해장라면
204

불닭덮밥
206

스팸고추장볶음
208

참치고추장볶음
210

스팸짜글이찌개
212

짜파게티라볶이
215

김치어묵우동
216

PART 5.
디저트까지 완벽하게 해내는 뚝딱 레시피

95
인절미
220

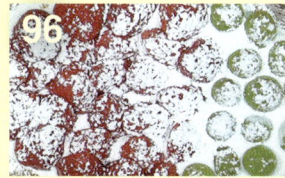
96
노오븐타르트
222

97
떡꼬치·메추리알꼬치·순대꼬치
224

98
흑당토스트
226

99
호떡믹스핫도그
228

100
씨앗호떡볶이
230

뚝딱이형의 기본 양념

내가 쓰는 몇 가지 기본 양념을 소개할게. 이 양념들만 가지고 있으면 정말 무궁무진한 요리들을 만들 수 있어. 특별한 양념이 없어도 맛집의 맛을 낼 수 있으니까 믿고 따라와봐. 솔직히 브랜드는 그닥 상관 없으니 편하게 생각해 줘.

① 고추장

한식에서 빠질 수 없는 양념이지. 시중에서 파는 어떤 고추장이든 괜찮아. 나는 솔직히 세일하는 걸 사서 쓰는 편이라 어떤 제품인지는 중요하지 않은 것 같아. 시판 고추장은 어지간한 건 다 맛있어.

② 된장

된장은 콩에 밀을 넣고 속성으로 만드는 개량식 된장과 콩과 소금으로만 만들어 오래 발효시킨 재래식 된장으로 구분할 수 있어. 원재료 표시에 소맥분(밀)이 있으면 단맛이 살짝 나는 일반 개량식 된장, 없으면 집된장처럼 만든 재래식 된장이라고 보면 돼. 우선 기본 된장으로 개량식 된장을 쓰고, 조금 더 깊고 진한 맛을 내고 싶다면 재래식 된장도 추가로 쓰는 것을 추천해. 두 종류의 된장 모두 다양한 요리에 사용되기에 한 번 사두면 요긴하게 쓰일 거야. 두 가지 된장을 구분해서 쓰기가 너무 어렵다면 재래식 된장을 추천할게.

③ 진간장

조림이나 볶음에 넣어. 가격이 저렴하고 달콤한 짠맛이라고 생각하면 돼. 개량식 된장처럼 밀을 넣어서 단기간에 만들면서 단맛을 낸 간장이야. 왜간장이라고 부르는 어른들도 있어.

④ 국간장

국, 나물무침 등에 넣어. 콩과 소금으로만 만든 재래식 간장으로 조선간장이라고도 해. 단맛 대신 깊고 진한 맛을 내지. 조림이나 볶음에 진간장 대신 사용하면 너무 짜니까 주의해.

⑤ 고춧가루

음식의 매운맛과 빨간색을 위해 사용하는 재료야. 굵은 고춧가루는 한식에서 두루두루 사용하고 고운 고춧가루는 먹음직스러운 쨍하고 새빨간 색감을 내기 위해 사용돼. 용도별로 구분하기 귀찮을 때는 고운 고춧가루와 굵은 고춧가루를 섞어서 사용해도 돼. 딱 하나만 산다면 굵은 고춧가루를 추천할게. 고운 고춧가루가 필요할 땐 빻거나 갈아서 사용하면 되거든.

⑥ 멸치액젓

국물의 부족한 간과 감칠맛을 더하는 용도로 자주 쓰곤 하지. 어딘가 2% 부족한 싱거운 맛이 날 때 멸치액젓 조금만 넣으면 다시 살아난단다. 쉽게 소금+멸치 다시다라고 생각하면 돼.

⑦ 맛술

맛술은 고기의 잡내나 생선의 비린내 제거용으로 내 레시피에서 자주 사용되는 재료야. 미림은 맛술의 상위 버전으로 잡내와 비린내 제거 뿐만 아니라 음식의 감칠맛을 더할 때 사용돼. 내 레시피에서 맛술이라고 하면 맛술이나 미림 어느 걸 사용해도 상관없어. 하지만 미림이라고 표시된 건 꼭 미림으로 넣는 게 좋아.

⑧ **통깨**

유독 플레이팅에 자신이 없는 나에게 희망이 되는 재료라고 할 수 있지. 고소한 맛은 물론이고, 완성된 요리에 솔솔 뿌리면 그렇게 먹음직스러워 보이더라!

⑨ **소금**

음식의 간을 맞추는 용도로 사용돼. 나는 히말라야 핑크 솔트나 천일염을 그라인더로 갈아서 사용해. 맛소금은 미원이 첨가된 고운 입자의 소금이야. 레시피에서 맛소금을 사용하라고 한 경우에는 맛소금을 사용해야 감칠맛을 살릴 수 있어. 여러 종류의 소금을 준비하는 게 힘들다면 중간 입자의 꽃소금을 추천해.

⑩ **후추**

특유의 향으로 음식의 풍미를 더하는 것 뿐만 아니라 고기의 잡내를 제거할 때 요긴하게 쓰여. 고기를 삶을 땐 통후추를 넣어 고기의 잡내를 제거하고, 밑간할 땐 통후추를 그라인더에 갈아서 사용하면 편해. 순후추는 고운 입자로 갈아놓은 후추로, 주로 양념에 넣어.

⑪ **다시다**

밖에서 먹는 그 맛을 내기 위해서 반드시 있어야 하는 재료야. 감칠맛 성분인 MSG에 여러 가지 맛내기 재료를 더한 조미료야. 요리 초보자에게 요리의 자신감을 불어넣는 만능 조미료라고 할 수 있어. 내 레시피에서는 취향에 따라 양을 조절해서 넣으면 된단다.

⑫ **미원**

밖에서 먹는 음식 특유의 감칠맛을 극대화하기 위해 있으면 좋은 재료야. MSG만 넣고 싶을 때 취향에 따라 양을 조절해서 넣으면 돼!

⑬ **굴소스**

각종 양념과 볶음밥 등에 사용되는 만능 조미료라고 할 수 있지. 굴로 만들지만 굴 냄새는 안 나니 걱정하지 마. 감칠맛이 부족하다고 너무 많이 넣으면 짤 수 있으니 양 조절은 필수란다.

⑭ **화유**

불맛을 낸 기름이야. 불맛을 더하는 데 이 만한 재료가 없지. 요리 초보자들이 집에서 토치를 사용해 불맛을 더하는 것은 다소 위험할 수 있어. 이럴 때 마지막에 화유 1숟가락 넣으면 싸악 해결될 거야.

⑮ **다진 마늘**

마늘의 민족인 우리에게 절대 빠질 수 없는 재료이지. 하지만 마늘 좋아한다고 내 레시피에 적혀있는 양보다 많은 양을 넣으면 다른 양념의 맛과 향을 해칠 수 있으니까 딱 그만큼만 넣는 것이 좋아. 나는 마늘 다지기 귀찮아서 시판용 다진 마늘을 구매하는 편이야. 한 번에 많이 사서 1숟가락씩 소분해서 냉동보관 해두면 오랫동안 요긴하게 사용할 수 있어.

⑯ **식용유**

내 레시피에 식용유라고 적혀있으면 카놀라유, 포도씨유, 옥수수유, 대두유 중 아무거나 사용해도 오케이야. 하지만 올리브유는 식용유보다 발연점도 낮고 특유의 향이 있으니까 올리브유라고 적혀있을 때만 사용해 줘.

⑰ **물엿**

음식의 반지르르한 때깔과 단맛을 위한 재료로 쓰여. 떡볶이소스처럼 꾸덕한 소스의 농도를 잡기 위한 용도로도 쓰이지.

⑱ **참기름**

한식의 고소한 향을 위해 꼭 필요한 재료야! 양식에 트러플오일이 있다면 한식에는 참기름이 당당히 자리잡고 있지. 참기름과 들기름 중 무엇을 살지 고민이라면 참기름을 먼저 구비해 두는 것을 추천해! 들기름은 유통기한도 짧고 냉장보관 해야한다는 번거로움이 있거든.

⑲ **식초**

비빔장 등의 새콤한 양념을 만들 때 빠질 수 없는 재료야. 산도나 재료, 만드는 방법에 따라 종류가 다양한데 보통은 사과 식초를 사용해. 2배 식초는 양을 반으로 줄여서 넣어줘.

⑳ **매실액**

음식의 깊은 단맛을 낼 때 사용하는 재료야. 설탕으로 대체해도 되지만 매실액을 넣는 것이 풍미가 더 좋을 거야.

뚝딱이형의 계량법

나는 계량도구로 집에 있는 아빠 숟가락과 종이컵을 사용해. 보통 가정에 요리용 계량스푼은 없어도 아빠 숟가락 하나쯤은 있잖아? 계량스푼은 있어봤자 막상 써야 될 땐 어딘가 숨어서 아무리 찾아도 나오지 않더라고. 1숟가락의 기준이 다양하니 사진을 참고하여 최대한 정확하게 계량해 줘.

가루 계량

고춧가루, 설탕 등의 가루는 한 숟가락 가볍게 떠서 살살 흔들거나 손가락으로 톡톡 쳐서 위에 볼록한 부분을 최대한 깎아 평평하게 만든 정도를 1숟가락으로 잡았어. 고춧가루는 6g, 설탕 등은 10g이야.

액체 계량

간장, 액젓 등의 액체는 아빠 숟가락에 넘치지 않을 정도로 가득 담은 것을 1숟가락 10㎖로 잡았어.

장류 계량

고추장, 된장 등의 장류는 아빠 숟가락에 약간 볼록할 정도로 가득 뜬 것을 1숟가락 16g으로 잡았어.

컵 계량

종이컵은 보통 용량이 180~190㎖야. 나는 1컵의 기준을 180㎖로 잡았어.

뚝딱이형의 재료 써는 법

재료를 써는 게 요리의 첫걸음 아니겠니. 너무 크기가 차이 나게 썰면 익는 시간도 달라지고 씹는 맛도 달라지니 천천히 차근차근 썰어봐. 생각보다 재미있을 거야.

채썰기
재료를 얇게 썬 다음 겹쳐 놓고 다시 길쭉하게 썰어줘.

깍둑썰기
가로세로 높이가 비슷하게 사각으로 썰어줘.

송송 썰기
대파나 청양고추를 작고 얇게 썰어줘.

어슷썰기
대파나 청양고추 등 길이가 긴 재료들을 비스듬히 썰어줘.

반달썰기
애호박이나 감자, 당근 등의 재료를 반으로 잘라 일정한 두께로 썰어줘.

뚝딱이형의 레시피 원칙

나는 요리 초보자들도 실패 없이 맛있게 요리하면 좋겠어. 그래서 레시피도 아래와 같은 기준으로 연구하고 있지. 내가 밤낮을 지새우며 연구한 레시피를 아낌없이 공개하는 것이 많은 분들의 사랑에 보답하는 길이라고 생각해.

원칙 1 **한번 배우면 평생 써먹는 맛보장 뚝딱 레시피**

바쁘다 바빠 현대 사회잖아. 다들 얼마나 바쁘겠니. 그래서 한번 배워두면 평생 써먹을 수 있도록 레시피를 연구하고 또 연구했어. 한 번만 따라 해보면 너무 맛있어서 절대 잊지 못할 거야.

원칙 2 **흔한 재료로 부담 없이 만드는 뚝딱 레시피**

어느 가정에나 있을 법한 재료를 사용하는 것이 내 원칙이야. 부담이 없어야 해보기가 쉬울 테니까. 구독자 분들께서도 '뚝딱이형 레시피는 양념 몇 개면 다 해결된다.'라고 하실 정도란다.

원칙 3 **활용도가 높은 재료를 사용해 알뜰한 뚝딱 레시피**

집에 없는 재료여도 한번 사두면 다양한 요리에 활용될 수 있는 재료들을 사용해. 재료 하나로 얼마나 다양하게 무궁무진한 요리를 만들 수 있는지 알면 요리의 새로운 재미를 느낄 수 있을 거야. 예를 들어, 춘장은 집에 흔히 있는 재료는 아니지만 가격이 저렴하고 유통기한이 길기 때문에 사두면 짜장 요리는 물론, 소갈비찜이나 찜닭까지 만들 수 있단다.

원칙 4 **너무 쉽고 간단한 뚝딱 레시피**

요리 초보자들도 충분히 따라할 수 있는 쉬운 레시피여야 한다고 생각했어. 그래야 초보자들도 '이거 쉬워 보이네. 나도 할 수 있겠네.' 할 테니까. 애매모호한 표현 없이 어렵지 않게 레시피를 설명하고 요리 과정을 최대한 간결하게 설명했어.

원칙 5 **요리 실력과 장비가 없어도 성공하는 뚝딱 레시피**

흔히 손맛이라고 하는 개개인의 실력, 장비빨이라고 하는 고가의 장비가 없어도 누구나 실패 없이 성공할 수 있도록 연구했어. 이게 내 레시피의 진정한 멋이란다.

뚝딱이형에게 궁금해요!

우리 구독자 여러분들이 많이 해주시는 질문들을 모아봤어. 이 질문들에 답을 하고 있으니, 그동안의 일들이 주마등처럼 스쳐 지나가면서 벅찬 감정이 드네. 이렇게 큰 사랑과 응원을 해주시는 모든 분들에게 감사 인사를 전하고 싶어.

Q. 요리는 어떻게 시작하게 되었나요?

A. 나의 유년기는 그저 '먹는 것을 좋아하는 평범한 아이'였을 뿐이었단다. 물론 고기 요리를 가장 좋아하긴 했지만 가리는 음식 하나 없이 다양한 음식을 시도해 보며 자랐지. 먹는 것 자체를 워낙 좋아하다 보니, 어린 나이부터 요리에도 저절로 관심이 가게 되더라고. 초등학교 때 부모님께서 외출하시면 이때다 싶어 동생과 함께 냉장고 속 재료를 털어 볶음밥을 해 먹었는데, 그게 내 요리의 시작이었어.

Q. '1분요리 뚝딱이형'이라는 이름으로 유튜브 채널을 운영하게 된 계기는 무엇인가요?

A. 사실 오래전부터 가족이나 지인에게 요리를 대접할 때마다 우스갯소리로 "이건 많은 사람들에게 알려야 하는 레시피다. 유튜브 한번 해봐라." 라는 소리를 많이 들었어. 처음에는 농담으로 받아들이고 웃어넘겼지만, 어느 날 진지하게 생각되더라고. 오랜 기간 홀로 수집해 온 맛집 레시피와 노하우를 여러 사람들과 공유하면 많은 사람들이 좀 더 요리에 관심을 갖고 요리를 좋아하게 되지 않을까 하는 마음에 용기를 내어 시작했어. 요리 실력만 있었을 뿐이지, 콘텐츠 제작 능력은 거의 제로에 가까워서 초창기 1분 요리 뚝딱이형 영상들은 카메라 구도, 영상 편집 등 하나부터 열까지 초보 티가 팍팍 나는, 한없이 부족한 수준이었지. 그럼에도 많은 분들이 관심과 격려를 보내주셨고, 그 응원에 힘입어 지금까지 발전할 수 있었던 것 같아.

Q. 맛집 레시피를 알아내는 뚝딱이형만의 특별한 비법이 있나요?

A. 우선 집착에 가까운 노력이 한몫을 한 것 같아. 이 집은 왜 맛집일까? 왜 '며느리에게도 안 알려주는 이 집만의 비법'이라고 하잖아. 맛집에는 치트키라고 불리는 저마다의 비법이 분명 존재한다고 믿었기에 이 집만의 비법은 뭘까 하는 질문을 끊임없이 던지고 시도하며 답을 찾아가곤 했어. 한 번만 먹어

보고 명쾌한 답을 찾는 것은 불가능에 가까웠고, 오랜 시간에 걸쳐 내 돈과 시간을 아낌없이 투자한 결과라고 생각해. 그리고 최근 1년간 식당 창업을 목적으로 식당 창업 커뮤니티에서 요식업에 종사하는 여러 사람들과 교류하며 알게 된 레시피도 도움이 되었어.

Q. 뚝딱이형으로 활동하며 가장 기쁘고 뿌듯한 순간은 언제였나요?

A. 사실 뚝딱이형으로 활동하기 전까지는 요리라는 것은 그저 음식을 만드는 것이라고만 생각했어. 하지만 내가 소개한 레시피대로 요리한 사람들의 후기를 보며 직접 만든 요리는 진심을 전하는 힘이 있음을 알게 되었지. 내가 알려드린 레시피로 만든 요리를 나눠 먹으며 소중한 사람들과 행복한 시간을 보냈다는 댓글을 보는데, 너무 뿌듯한 거야. 그래서 더 좋은 레시피로 보답해야겠다는 다짐을 하게 되었단다. 사실 이렇게까지 많은 관심과 사랑을 받을 줄은 꿈에도 몰랐어. 내 영상을 시청해 주시고, 응원의 댓글을 남겨주시는 모든 분들께 늘 감사한 마음을 갖고 있어.

Q. 요리책에 소개된 100개의 레시피 선정 기준은 무엇인가요?

A. 이번 요리책에 실릴 레시피를 선정하는 것이 꽤나 큰 고민이었단다. 열 손가락 깨물어서 안 아픈 손가락이 없다는 말의 의미를 깊이 깨달았지. 모든 레시피가 나의 많은 노력과 고민이 담긴, 소중한 레시피여서 더욱 선정하기 어려웠던 게 아닐까 싶어. 많은 사람들에게 유용한 레시피, 호불호 없이 모두가 맛있어 할 만한 레시피인지에 중점을 두고 출판사 분들과 여러 번 논의한 끝에 최종 결정했어. 직접 만들어 먹어본 분들이 남겨주신 후기를 하나하나씩 꼼꼼하게 읽어보고 반응이 좋은 레시피를 선정하였고, 부족한 부분을 보완하기 위해 구독자들이 남겨주신 피드백을 적극적으로 반영했어. 맛있었다면 구체적으로 어떤 맛이 좋았는지부터 짜거나 감칠맛이 부족한 것 같다는 솔직한 피드백들을 수렴한 뒤, 내 요리 본연의 맛을 유지하는 선에서 재료의 계량을 조금씩 수정해 다시 하나씩 만들어보고 최적의 레시피를 찾기 위해 연구를 했단다.

Q. 레시피 중에 가장 애정하는 레시피는 무엇인가요?

A. 깨물어서 안 아픈 손가락이 어디 있겠냐는 말이 또 나오는구나. 그만큼 하나하나 다 정성으로 연구한 레시피이기에 고르기가 너무 힘들지만 딱 하나만 꼽으라면 김치찌개를 선택하

겠어. 보통의 김치찌개 레시피보다는 번거롭지만, 그 번거로움을 잊을 만큼 맛이 아주 기똥찬 레시피란다. 이 레시피를 따라 했더니 정말 맛있다고 우리 구독자님들의 극찬이 자자했으니 이미 맛보증은 끝났다고 할 수 있지.

Q. 가장 힘들게 연구한 레시피는 무엇인가요?

A. 닭볶음탕이야. 한 유명 맛집의 레시피를 재현하기 위해 정말 많이 노력했어. 처음에는 특유의 찐득한 양념이 비계인 줄 알고 비계를 갈아서 넣어보기도 하고 감자전분, 밀가루 등 다양한 재료를 섞어서 만들어봤지만 그 맛이 안 나더라고. 정말 셀 수도 없이 다양하게 만들어봤어. 그런데 다음날 남은 닭볶음탕을 다시 끓이는데 우연히 감자가 다 으깨지는 바람에 내가 원하던 그 맛이 나는 걸 발견한 거지. 거기서 깨달음을 얻고 지금의 레시피를 완성하게 되었어.

Q. 뚝딱이형에게 잼민이는 어떤 의미인가요?

A. 잼민이는 내게 정말 고마운 존재야. 가끔 내가 잼민이를 놀리기도 하고 청양고추로 기강도 잡지만, 잼민이에 대한 내 애정은 변함이 없단다. 요즘은 나보다 잼민이를 좋아하는 구독자님들이 많아서 솔직히 질투가 나기도 하는데 그래도 잘 키웠다는 뿌듯한 마음이 더 크단다. 잼민이와 나의 티키타카를 좋아하시는 분들이 많고 잼민이가 나에게 거는 태클도 재미있다고 해주시니 잼민이에게 정말 고마운 마음뿐이야.

Q. 앞으로의 계획은 어떻게 되나요?

A. 뚝딱이형이라는 내 이름을 건 식당을 계획하고 있어. 요리사라는 나의 직업은 외식업 종사자로 시작하였지만, 오래전부터 나의 목표는 요식업 창업이었단다. 내 이름을 건 식당을 운영하는 것은 많은 책임이 뒤따르는 일임을 충분히 인지하고 있기에 더욱 신중히 차근차근 계획하고 있어. 아직까지는 정해진 것 하나 없는 구상화 단계이지만 이 책이 출간될 때쯤에는 더욱 구체화 될 것 같네. 그 때 SNS를 통해 소식 전할게.

PART 1

유명 맛집의 맛을
그대로 재현한
뚝딱 레시피

나는 맛집 중에서도 특히 맛있는 곳의 포인트나 차별점을 꾸준히 연구해 왔어. 그 집의 맛을 따라 하기 위해 집착에 가까울 정도로 수많은 시도를 했지. 내 기준에서 만족스러운 맛이 마침내 나왔다 싶으면 항상 레시피를 노트에 적어뒀단다. 맛집에서는 업소용 양념에 대용량 육수를 사용하기 때문에 집에서 똑같은 맛을 내기는 힘들어. 그래도 구독자님들이 집에 있는 재료만으로도 맛있게 요리하기를 바라는 마음에서 내가 연구한 맛집 레시피들을 소개할게. 같이 해보자, 뚝딱!

RECIPE 1

고추장찌개

고추장찌개는 한번 빠지면 약도 없다는 말 들어봤니? 매콤칼칼하며 달큰한 맛의 고추장찌개는 인생에서 아주 유용한 찌개 레시피가 될 거야. 방법도 아주 간단해서 정말 뚝딱 만들 수 있는 요리란다. 하루 매출 천만 원의 대박집 레시피를 공개할게. 시작!

재료(2인분)

돼지고기(찌개용) 100g
감자 1개
양파 1/3개
애호박 1/4개
대파 1대
청양고추 1개
두부 1/2모
팽이버섯 50g
식용유 1숟가락
고추장 1숟가락
고춧가루 1숟가락
물 2컵(360㎖)
다진 마늘 1숟가락
국간장 2숟가락
멸치액젓 1숟가락
멸치 다시다 1/2숟가락

뚝딱이형에게 배우는 요리 노하우

형! 돼지고기는 어떤 부위를 쓰나요?

아무 부위나 가능해. 뒷다리살, 앞다리살, 등심, 삼겹살 모두 가능하지. 기름기가 어느 정도 있는 삼겹살을 넣으면 고기에서 나오는 기름으로 더욱 깊은 국물맛을 낼 수 있단다.

형! 만들 때 주의해야 할 점이 있다고 들었는데요?

고추장찌개는 미리 양념을 볶고 나중에 물을 넣는 레시피라서 무엇보다 양념을 볶을 때의 불 조절이 중요해. 물을 넣기 전까지는 반드시 약불로 유지해야 양념이 타지 않고 맛있게 볶아져!

형! 이건 좀 위험한 음식인데요!

우리 잼민이 요즘 눈치가 많이 늘었구나. 만들면 어느새 밥 두 공기는 뚝딱 하게 되는 아주 무서운 음식이란다. 더 위험하게 먹으려면 찰떡궁합인 김, 계란프라이, 스팸을 곁들여도 좋아.

1 감자와 양파는 깍둑, 애호박은 작게, 대파와 청양고추는 송송 썬다.

2 두부는 한입 크기로 썰고, 팽이버섯은 밑동을 잘라내 손으로 찢는다.

타지 않게 조심해.

3 뚝배기에 식용유와 돼지고기를 넣고 약불에서 살짝 볶다가 고추장, 고춧가루를 넣고 돼지고기가 익을 때까지 볶는다.

고명용으로 대파를 조금 남겨두고 멸치 다시다는 기호에 맞게 조절해.

4 물을 붓고 강불에서 끓인 뒤, 국물이 끓기 시작하면 감자, 애호박, 양파, 대파, 두부, 다진 마늘, 국간장, 멸치액젓, 멸치 다시다를 넣고 끓인다.

5 마지막으로 팽이버섯, 대파, 청양고추를 넣고 2분간 더 끓이면 완성!

RECIPE 2

된장찌개

된장찌개라고 해서 다 똑같은 맛이라고 생각한다면 큰 오산이야. 무조건 짜고 자극적으로만 끓이는 것이 아니라 확실한 비법을 갖고 끓여야 맛있는 된장찌개가 된단다. 흔히 '고깃집 된장찌개'라고 불리는 밖에서 사 먹는 특유의 감칠맛 가득하고 묵직함이 감도는 된장찌개를 집에서도 만들 수 있는 레시피야.

재료(2인분)

애호박 1/4개
감자 1/2개
양파 1/4개(50g)
두부 1/2모
대파 1/2대
청양고추 1개
팽이버섯 30g
식용유 1숟가락
된장 3숟가락
쌈장 2숟가락
고추장 1/2숟가락
물 2컵(360㎖)
멸치 다시다 1/2숟가락

뚝딱이형에게 배우는 요리 노하우

형! 고깃집 된장찌개 꿀팁 좀 전수해주세요!

된장, 쌈장, 고추장을 먼저 볶아야 감칠맛이 살아난단다. 반드시 약불에서 타지 않게 볶는 것이 중요해! 불이 세면 볶다가 다 타버려서 냄비 바닥에 눌어붙게 될 거야. 그리고 된장에 따라 염도가 다르니 간을 조절하면 돼.

형! 저는 고기가 들어있는 된장찌개가 먹고 싶은데요?

잼민이 입맛 한번 고급지구나. 고기를 추가로 넣고 싶다면 마지막에 고기를 넣고 익을 때까지 끓이면 돼! 나는 차돌박이가 좋더라.

형! 채소는 많이 넣을수록 좋은 거죠?

뭐든지 팍팍 많이 넣을수록 맛있다는 편견을 버려! 물론 많이 넣을수록 맛있는 다다익선 재료도 있지만 찌개나 국 종류에서 양파만큼은 과유불급 재료야! 욕심에 양파를 많이 넣으면 양파 특유의 단맛이 강해져 된장찌개의 구수한 풍미를 방해할 수 있어. 중간 크기 양파(200g) 기준 1/4개(50g)만 넣어! 된장찌개에서 은은한 단맛이 나는 것조차 싫다면 아예 생략해도 좋아.

1 애호박은 작게, 감자와 양파는 깍둑, 대파와 청양고추는 송송, 두부는 한입 크기로 썬다.

2 팽이버섯은 밑동을 잘라내고 손으로 찢는다.

3 뚝배기에 식용유, 된장, 쌈장, 고추장을 넣고 약불에서 눌어붙지 않게 저어가며 살살 볶는다.

4 물을 붓고 강불에서 끓이다가 국물이 끓어오르면 애호박, 감자, 양파, 두부를 넣는다.

멸치 다시다는 기호에 맞춰 조절해.

5 멸치 다시다, 팽이버섯, 대파, 청양고추를 넣고 1분간 끓이면 완성!

RECIPE 3

부대찌개

재료(2인분)

스팸 140g
베이컨 5줄
소시지 4줄
두부 1모
느타리버섯 75g
팽이버섯 50g
대파 2대
김치 3숟가락
청양고추 1개
시판 사골육수 500㎖
물 400㎖
베이크드빈스 2숟가락
라면사리 1개
슬라이스치즈 1장

양념장

스팸 60g
돼지고기(다짐육) 150g
양파 1/2개(100g)
다진 마늘 2숟가락
된장 1숟가락
고추장 1숟가락
고춧가루 2숟가락
국간장 2숟가락
맛술 1숟가락
순후추 조금
소고기 다시다 1/2숟가락

부대찌개는 사 먹는 게 더 맛있다는 너의 편견을 깨줄게. 냉장고에 남아있는 재료만으로도 충분한 맛보장 부대찌개 레시피야. 실제로 나도 부대찌개가 땡기는 날, 아묻따 스팸을 주물러서 이 레시피로 만들어 먹는단다. 각자 원하는 토핑을 듬뿍 올려 오늘 저녁 메뉴로 요리하길 바랄게.

뚝딱이형에게 배우는 요리 노하우

형! 저는 라면사리가 싫은데요?

잼민아, 부대찌개집 안 가본 티 좀 내지 마. 라면 대신 당면, 쫄면, 우동 사리를 넣어도 맛있게 즐길 수 있단다. 단, 당면을 넣을 땐 조리 시작 전 먹을 만큼 미리 물에 불려놓아야 해. 수제비나 떡국떡을 넣어도 좋아.

형! 조금 싱거운데요?

사용하는 장류마다 염도가 다르니까 찌개는 마지막에 불을 끄기 직전에 간을 꼭 보렴. 부대찌개는 국간장으로 간을 맞추면 돼.

형! 콩을 이렇게 많이 넣는 건 솔직히 아니지 않나요?

베이크드빈스는 부대찌개의 부드럽고 고소한 맛을 살려주는 재료란다. 대박집 레시피에는 꼭 들어가지. 푹 익힌 콩의 식감이 싫거나 콩을 싫어하는 잼민이 입맛이라면 숟가락으로 으깨서 넣어도 돼.

1 양념장 재료 중 양파를 강판에 간다.

2 일회용 위생 봉투에 양념장 재료를 모두 넣고 잘 섞이도록 주무른 뒤, 끝부분을 묶어 밀봉한 채로 냉장고에서 6시간 동안 숙성한다.

3 대파는 반으로 갈라 5~7cm 길이로 썰고, 두부는 한입 크기로 썬다.

4 김치는 잘게, 청양고추는 어슷하게 썰고, 느타리버섯과 팽이버섯은 밑동을 잘라내고 손으로 찢는다.

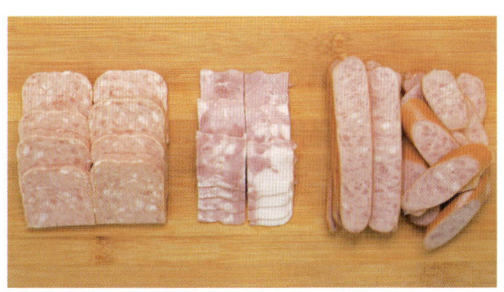

5 스팸과 베이컨은 한입 크기로, 소시지는 반은 세로로 얇고 길게 썰고 나머지는 한입 크기로 어슷썬다.

6 넓은 냄비에 두부와 대파를 깔고 그 위에 스팸, 베이컨, 소시지, 느타리버섯을 올린 뒤 숙성한 양념장과 김치를 올린다.

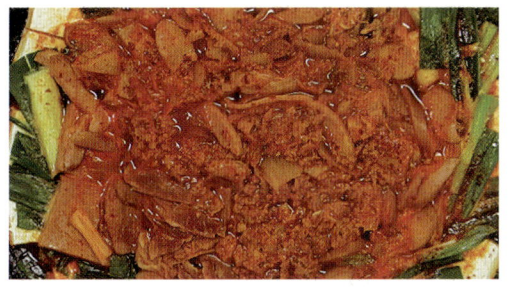

7 사골육수와 물을 부어 강불에서 끓이다가 국물이 끓어오르면 양념장을 풀어 끓인다.

슬라이스치즈는 취향에 따라 생략 가능해.

8 국물이 끓으면 라면사리, 팽이버섯, 청양고추, 베이크드빈스를 넣는다. 마지막으로 슬라이스 치즈를 올리면 완성!

RECIPE 4

김치찌개

김치찌개 유명 맛집에서 치트키로 사용하는 레시피를 소개해 줄게. 다른 김치찌개 레시피보다 다소 손이 많이 가긴 해도, 맛 하나만큼은 기똥찬 레시피란다. 나의 구독자님들에게도 이 레시피 그대로 따라 했더니 정말 맛있다고 극찬이 자자했으니 이미 맛보증은 되었다고 볼 수 있지!

재료(2인분)

김치 1/4포기(600g)
돼지고기(앞다리살) 500g
두부 1모
대파 1대
청양고추 3개
양파 1/2개
김칫국물 150㎖
고춧가루 5숟가락
멸치 다시다 1숟가락
멸치액젓 1숟가락
사골육수 500㎖

뚝딱이형에게 배우는 요리 노하우

형! 비계를 갈아서 넣는다고요?

돼지비계를 갈아서 넣는 게 이번 김치찌개 레시피의 하이라이트야. 엄마들이 김치찌개를 오래 끓일수록 맛있다고 말하는 건 김치찌개 속 고기 비계의 고소한 맛이 우러나기 때문인데, 비계를 갈아서 넣으면 마치 오래 푹 끓인 듯한 깊고 진한 맛이 난단다.

형! 비계를 갈 때 주의사항이 있다면서요?

믹서에 비계를 넣고 갈 때 입자가 안 보일 정도로 최대한 곱게 가는 게 중요해. 굵게 갈면 찌개 국물에서 비계가 떠다녀 먹기 좋은 비주얼이 아닐 수도 있고, 덜 갈린 비계 입자의 식감도 좋지 않기 때문에 최대한 입자가 보이지 않을 정도로 곱게 갈아서 넣어. 그리고 믹서에 갈 때 김칫국물을 같이 넣어서 갈기 때문에 물을 더 넣을 필요는 없단다.

형! 돼지고기는 어떤 부위를 쓰나요?

돼지고기는 비계와 살코기를 분리하기 쉬운 부위를 사용해야 편하겠지? 요리 초보자면 앞다리살이 가장 쉽지만, 비계가 풍부한 삼겹살을 사용해도 돼. 비계와 살코기를 정확히 분리하려고 너무 애쓰지 않아도 된단다. 내 레시피는 맛있게 하기 위함이지 더 어렵게 하기 위함은 아니니까.

1 대파와 청양고추 2개는 송송 썰고, 두부는 한입 크기로 썬다.

2 김치는 한입 크기로 썰고, 돼지고기는 비계를 분리해 두고 살코기만 한입 크기로 썬다.

3 달군 팬에 비계를 올려 중불에서 노릇해지도록 굽는다.

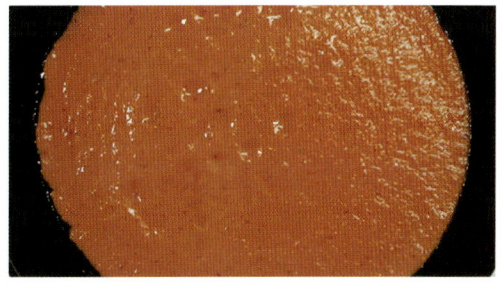

4 믹서에 구운 비계, 양파, 김칫국물, 청양고추 1개를 넣고 곱게 간다.

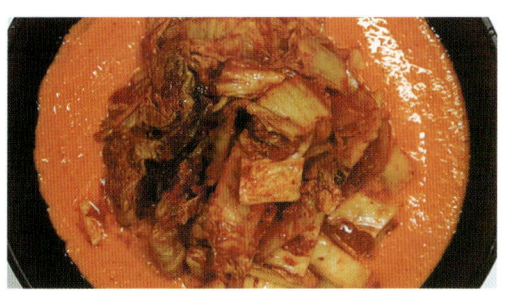

5 비계를 구운 팬에 간 양념과 고춧가루, 김치를 넣은 뒤 약불에서 양념이 타지 않도록 천천히 볶는다.

6 양념이 충분히 볶이면 사골육수를 붓고, 양념을 잘 풀어 강불에서 끓인다.

7 국물이 끓으면 살코기와 두부를 넣고 끓인다.

다시다는 기호에 맞게 조절해.

8 살코기가 익으면 멸치 다시다, 멸치액젓, 대파, 청양고추를 넣고 2분간 더 끓이면 완성!

RECIPE 5
묵은지곱도리탕

재료(3인분)

대창 300g
닭(볶음용) 1.2kg
묵은지 300g
감자 1개
양파 1개
당근 100g
대파 1대
청양고추 2개
부추 30g
들깻가루 3순가락

대창삶기

물 3ℓ
된장 1.5순가락
월계수잎 6개
통후추 1순가락
소주 1컵(180㎖)

양념

물 800㎖
고춧가루 7순가락
진간장 8순가락
고추장 2순가락
다진 마늘 2순가락
설탕 2순가락
물엿 2순가락
소고기 다시다 1/2순가락

내가 만들었지만 먹는 내내 감탄하면서 먹은 레시피 하나 알려줄게. 닭도리탕 베이스에 대창을 넣어 더욱 고소하고 진한 맛이 일품인 곱도리탕이란다. 특히 해외에 계신 수많은 우리 구독자님들께서 역대급으로 맛있고 유용한 레시피라고 칭찬을 해주신 바로 그 레시피야. 그냥 닭도리탕은 이제 뻔하다고 느껴질 타이밍에 비장의 무기로 이 레시피를 해보는 걸 추천해.

뚝딱이형에게 배우는 요리 노하우

형! 대창은 왜 삶나요?

초벌로 익힌 대창이 아닌 생대창을 쓸 땐 반드시 월계수잎, 통후추, 된장 등 잡내를 잡아줄 재료를 듬뿍 넣고 삶아! 잡내를 잡는 과정이 매우 중요해. 그리고 한 번 삶아야 구울 때 오그라들지 않는단다. 초벌 대창을 사용할 때는 삶는 과정 없이 굽기부터 시작하면 돼.

형! 대창을 구웠더니 기름이 너무 많이 나왔는데요!

잼민이가 봤을 때도 그렇다면 국물이 느끼할 수 있어. 숟가락으로 기름을 덜어내거나 키친타월로 조금 닦아내도 돼!

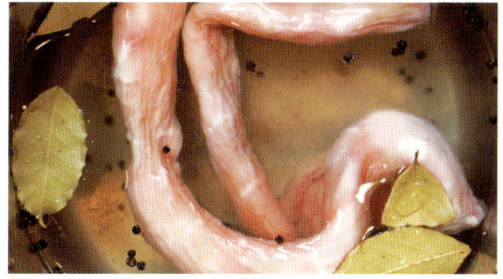

1 냄비에 대창삶기 재료를 모두 넣고 끓이다가 물이 끓으면 대창을 넣고 강불에서 30분간 삶는다.

2 감자, 양파는 한입 크기로, 당근은 반달로, 청양고추는 어슷하게 썬다. 대파는 반으로 가른 뒤 7cm 길이로, 부추는 5cm 길이로 썬다.

3 삶은 대창은 달군 팬에서 겉면을 노릇하게 구운 뒤, 한입 크기로 잘라 중불에서 앞뒤로 굽는다.

타지 않게 중간중간 섞어줘.

4 대창 위에 묵은지와 닭, 양념 재료를 모두 올리고 40분간 중불에서 끓인다.

5 감자와 당근을 넣고 5분간 더 끓인다.

6 양파, 대파, 청양고추를 넣고 5분간 더 끓인다.

7 채소가 모두 익으면 불을 끄고 부추를 올린 뒤, 들깻가루를 뿌리면 완성!

RECIPE 6

곱창전골

재료(2인분)

곱창 500g
알배추 4장
대파 1대
양파 1/2개
애호박 1/4개
표고버섯 2개
팽이버섯 1/2봉
느타리버섯 50g
부추 30g
깻잎 5장
청양고추 2개
신김치 200g
사골육수 500㎖
물 500㎖
들깻가루 취향껏
우동사리 1인분

곱창삶기

생강 20g
월계수잎 3장
된장 1숟가락
통후추 1숟가락
소주 1컵(180㎖)
물 2ℓ

양념

곱창기름 1국자
고춧가루 4숟가락
국간장 2숟가락
맛술 2숟가락
고추장 1숟가락
된장 1숟가락
다진 마늘 1숟가락

곱창을 좋아하는 사람이라면 주기적으로 먹어줘야 하는 음식이 곱창전골이지. '곱창전골 = 사 먹는 음식'이라는 인식이 있는 것 같은데, 이 레시피면 집에서도 충분히 사 먹는 것 보다 더 맛있게 만들 수 있다는 걸 알게 될 거야. 내가 3일간 50만 원을 쓰고 연구한 결론이란다. 이 레시피로 곱창전골만의 고소하고 진한 국물 맛이 주는 매력을 널리 널리 알려주길 바라.

뚝딱이형에게 배우는 요리 노하우

형! 곱창전골을 만들 때 주의사항 있다고 들었습니다~ ✕

양념은 타기 쉬우니까 볶을 때 약불을 유지해 줘. 육수를 붓기 전까지는 무조건 약불로 조리한다고 생각하면 돼.

형! 저는 우동 싫은데요! ✕

우동의 진정한 맛을 모르는구나, 잼민아. 당면이나 라면을 넣어 먹어도 맛있어. 당면을 넣을 때는 조리 전에 미리 물에 불려두는 걸 잊지 마.

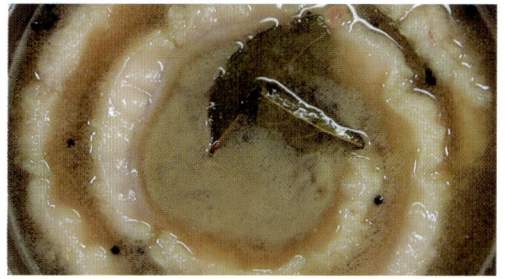

1 냄비에 곱창과 삶기 재료를 모두 넣고 강불에서 30분간 삶는다.

2 알배추는 한입 크기로, 대파는 반으로 갈라 5cm 길이로, 양파는 채 썰고, 애호박은 반달로, 표고버섯은 얇게 썬다.

3 부추는 5cm, 깻잎은 돌돌 말아 채 썰고, 청양고추는 송송 썬다. 느타리와 팽이버섯은 밑동을 잘라내 손으로 찢고, 김치는 한입 크기로 썬다.

팬에 기름 1국자만 남겨둬.

4 삶은 곱창은 달군 팬에 올려 중불에서 앞뒤로 노릇하게 구운 뒤 한입 크기로 자른다. 잘 구워지면 곱창을 건져낸다.

타지 않게 조심해.

5 곱창을 구운 팬에 양념 재료를 모두 넣고 약불에서 살짝 볶는다.

6 볶은 양념 위에 구워둔 곱창을 다시 넣고 양념이 고르게 배도록 잘 섞어가며 볶는다.

7 알배추, 대파, 양파, 애호박, 표고버섯, 느타리버섯, 팽이버섯, 김치, 사골육수, 물을 넣고 강불에서 10분간 잘 섞어가며 끓인다.

8 부추, 깻잎, 청양고추, 들깻가루, 우동사리를 넣고 면이 익을 때까지 끓이면 완성!

RECIPE 7

차돌육개장칼국수

오늘 요리는 육개장의 고급 버전이라고 할 수 있지. 칼국수치고는 단가가 너무 세서 식당에서 팔기는 어렵고, 오직 집에서만 해먹을 수 있는 차돌육개장칼국수란다. 대파 풍미가 가득한 깊은 국물에 구운 차돌박이와 쫄깃한 칼국수 면까지 더하니 얼마나 맛있겠어! 육개장 좋아하는 사람이라면 100% 만족할 거야.

재료(2인분)

차돌박이 150g
생칼국수면 2인분(320g)
무 100g
대파 1대
청양고추 1개
삶은 토란대 200g
계란 1개
숙주 100g
시판 사골육수 500㎖
물 2컵(360㎖)
식용유 1숟가락
고춧가루 4숟가락
국간장 2숟가락
다진 생강 2g
다진 마늘 1숟가락
멸치액젓 2숟가락
소고기 다시다 1/2숟가락

뚝딱이형에게 배우는 요리 노하우

형! 그냥 말린 토란대 사면 안 되나요?

말린 토란대는 불리는 시간이 오래 걸릴 뿐만 아니라 손질이 까다로워 자칫하면 토란대 특유의 아린 맛이 날 수 있어. 가급적이면 불려서 삶아놓은 토란대를 추천해. 토란대가 없으면 고사리를 넣어도 돼. 말린 고사리면 하루 정도 찬물에 불린 뒤, 끓는 물에 30분 삶고 찬물로 헹궈 손으로 물기를 짜서 넣으면 된단다.

형! 저는 더욱 깔끔한 국물을 먹고 싶어요.

계란을 풀어서 넣지 않고 국물 위에 톡 까서 넣고 그대로 끓이면 더욱 깔끔한 국물을 즐길 수 있단다.

형! 차돌박이가 아니어도 고기를 구워서 넣으면 되나요?

보통 육개장은 삶은 소고기를 넣어서 끓이는데 이 레시피에선 고소한 소고기를 구워서 올리기 때문에 야들야들 씹히는 게 핵심이야. 차돌박이나 우삼겹으로 끓이는 게 좋아.

형! 칼국수 면은 몇 분간 삶나요?

칼국수면은 제품마다 삶는 시간이 다르니 포장지에 표기된 조리시간을 꼭 봐. 육개장에 넣고 더 끓이는 시간이 있기 때문에 물에 삶을 때는 표기된 시간보다 2분 정도 덜 삶으면 딱 맞아.

1 무는 1cm 두께로 잘라 네모로, 대파는 반으로 갈라 5cm 길이로, 청양고추는 송송 썬다.

2 토란대는 4cm 길이로 자르고, 계란은 잘 푼다.

3 달군 팬에 차돌박이를 노릇노릇하게 구운 뒤 건져둔다.

4 차돌박이를 구운 팬에 식용유, 무, 대파, 고춧가루, 국간장, 다진 생강을 넣고 약불로 대파가 흐물거릴 때까지 볶는다.

다시다는 취향껏 넣으면 돼.

5 사골육수, 물, 다진 마늘, 멸치액젓, 소고기 다시다, 토란대를 넣고 20분간 강불로 끓인다.

6 다른 냄비에 물을 끓여 칼국수면을 넣고 약 3분간 강불로 삶아 건진다.

7 끓는 육개장에 삶은 칼국수면, 숙주, 구운 차돌박이, 계란물을 넣고 강불로 2분 더 끓이면 완성!

RECIPE 8

청국장

진정한 한국인의 소울푸드는 청국장이 아닐까 싶어. 추운 겨울 진한 국물요리가 생각날 때 청국장만 한 것이 없지. 진하고 구수한 향에 절로 밥을 말아 먹게 되는 유명 맛집 레시피를 알려줄게. 정성과 노력이 들어간 만큼 배로 맛있는 프리미엄 청국장이 될 거야.

재료(2인분)

생 청국장 80g
소고기(다짐육) 100g
두부 1/2모
다진 김치 2숟가락(40g)
김칫국물 1숟가락
표고버섯 1개
애호박 60g
대파 1/2대
팽이버섯 50g
참기름 1숟가락
된장 1숟가락
고춧가루 1숟가락
국간장 1숟가락
멸치 다시다 1/4숟가락

육수
물 1컵(180㎖)
무 100g
양파 80g
청양고추 1개
마늘 5알

뚝딱이형에게 배우는 요리 노하우

형! 귀찮은데 채소를 꼭 갈아야 하나요?

귀찮다고? 그게 육수 역할을 해서 청국장의 감칠맛 가득한 국물을 만들 수 있어. 그냥 썰어 넣을 때보다 갈아 넣을 때 채소의 맛과 향이 더욱 잘 우러나와 국물이 한층 더 깊어지는 효과가 있단다.

형! 청국장 간이 좀 짠 것 같은데요?

청국장마다 염도가 다 다르니 반드시 간을 보고 국간장의 양을 조절하는 게 좋아.

형! 소 말고 돼지는 안 되나요?

자칭 프리미엄 청국장으로서 소고기를 써야 기름도 안 뜨고 깔끔한 맛을 낼 수 있어. 돼지고기를 써도 되지만 그러면 준프리미엄 청국장 정도가 되겠지?

1 표고버섯은 잘게 다지고, 애호박은 작게, 두부는 한입 크기로, 대파는 송송, 무는 갈기 좋게 썬다.

2 김치는 잘게 다지고, 팽이버섯은 밑동을 잘라내고 손으로 찢는다.

3 믹서에 육수 재료를 모두 넣고 간다.

4 뚝배기에 참기름, 다진 소고기, 표고버섯을 넣고 약불에서 볶는다. 고기가 다 익으면 된장과 고춧가루를 넣고 볶는다.

5 고기의 수분이 없어지면 갈아둔 육수를 붓고 잘 섞어 강불에서 끓인다.

6 국물이 끓으면 청국장, 애호박, 김치와 김칫국물을 넣고 숟가락으로 저어가며 뭉쳐있는 청국장을 완전히 푼다.

> 아니! 이게 무슨 냄새야!

7 두부를 넣고, 국간장과 멸치 다시다로 간을 맞춘다.

> 소울의 향기란다. 많이 먹어. 뚝딱!

8 마지막으로 팽이버섯과 대파를 얹고 2분간 더 끓이면 완성!

RECIPE 9

로제찜닭

재료(2인분)

닭다리살 600g
감자 1개
양파 1개
당근 1/3개
대파 1대
소시지 8개
넓적당면 30g
떡 8개
버터 2숟가락
우유 200㎖(닭 재우는 용)
우유 300㎖(양념용)
휘핑크림(무가당) 200㎖
통후추 1/2숟가락

양념

물 90㎖
진간장 5숟가락
맛술 2숟가락
설탕 2숟가락
물엿 2숟가락
순후추 1/3숟가락
다진 마늘 1숟가락
굴소스 1숟가락
소고기 다시다 1숟가락
고춧가루 2숟가락
고추장 1숟가락

로제소스의 한계는 과연 어디까지일까? 나 같은 아저씨에게는 아직 도전적인 메뉴이지만 이미 젊은 친구들 사이에서는 유행을 넘어 하나의 요리로 자리 잡은 로제찜닭 레시피를 알려줄게. 배달시켜 먹는 그 로제찜닭 맛을 거의 흡사하게 따라잡았지! 이 레시피에 원하는 토핑을 듬뿍 추가해서 먹으면 더욱 뿌듯할 거야!

뚝딱이형에게 배우는 요리 노하우

형! 저는 좀 매콤하게 먹고 싶은데요?

잼민이 맵부심이 하늘을 찌르는구나. 조금 맵게 먹고 싶으면 양념을 넣을 때 고춧가루, 레드페퍼, 캡사이신 등을 추가로 넣으면 된단다.

형! 저는 뼈 있는 닭으로 해 먹고 싶어요!

순살로 하면 양념이 잘 배어 더욱 맛있지만, 뼈 있는 닭으로 해도 돼. 그리고 익는 시간이 더 걸리니 6번 과정에서 더 오래 끓여줘. 냉동 닭을 쓸 때는 우유에 재운 다음 끓는 물에 살짝 데쳤다 씻으면 된단다. 냉장은 그냥 쓰면 돼.

형! 생크림 쓰면 안 되나요?

나같이 가성비 추구하는 사람들(or 구두쇠)은 매콤한 양념에 넣을 땐 휘핑크림을 사용한단다. 물론 생크림을 써도 되지만 먹으면 매운 양념 덕분에 이게 생크림인지 휘핑크림인지 구별도 안 돼. 그리고 반드시 설탕이 안 들어간 무가당 휘핑크림을 써야 돼!

1 넓적당면은 미지근한 물에 1시간 동안 불린다.

2 닭다리살에 후추를 갈아 넣고, 우유를 부어 1시간 정도 재운 다음, 흐르는 물에 깨끗하게 씻어 물기를 빼고 한입 크기로 자른다.

3 감자, 양파, 당근은 한입 크기로 썰고, 대파는 반으로 갈라 7cm 길이로 썬다.

4 달군 팬에 버터를 녹인 뒤 닭다리살을 중불에서 굽는다.

5 구운 닭다리살에 양념 재료를 모두 넣고 강불에서 3분간 볶는다.

6 양념이 끓어오르면 감자와 당근을 넣고 5분간 끓인다.

7 감자, 당근이 익으면 양파, 대파, 우유, 휘핑크림을 넣고 잘 섞는다.

8 국물이 끓어오르면 소시지, 당면, 떡을 넣고 모든 재료가 익을 때까지 끓이면 완성!

RECIPE 10

닭볶음탕

잼민아. 세상의 수많은 닭볶음탕을 모두 제압할 닭볶음탕 완결판 레시피를 준비했어. 나 원래 호들갑 같은 거 안 떠는데 이 레시피만큼은 호들갑 좀 떨고 싶구나. 평생 써먹을 만큼 아주 맛있고 유용한 레시피라고 추천할게. 이미 수많은 구독자님들께 인정받은 레전드 닭볶음탕 레시피이니 꼭 한번 따라 해봐.

재료(3인분)

닭(볶음탕용) 1마리(10호~12호)
감자 2개
당근 1/4개(50g)
양파 1/2개(100g)
대파 2대
청양고추 1개
물 2컵(360㎖)
식용유 2숟가락
고춧가루 3숟가락
다진 마늘 2숟가락
진간장 4숟가락
설탕 3숟가락
고추장 1숟가락
된장 1/2숟가락
소고기 다시다 1/2숟가락

뚝딱이형에게 배우는 요리 노하우

형! 귀찮은데 감자를 꼭 강판에 갈아야 되나요?

잼민아, '닭볶음탕은 끓일수록 맛있다'라는 말이 있단다. 바로 감자의 전분이 닭 육수와 어우러져 더욱 걸쭉한 맛을 내기 때문이야. 아예 감자를 강판에 갈아서 넣으면 오래 끓이지 않아도 진하고 걸쭉한 국물 맛을 느낄 수 있지. 완성된 닭볶음탕은 걸쭉한 국물과 함께 밥에 비벼 먹으면 잼민이가 상상하는 그 이상의 맛을 낸단다.

형! 설탕을 너무 많이 넣는 거 아닌가요?

설탕을 좋아하지 않는다면 1~2숟가락으로 줄여도 된단다. 그 대신 자연스럽고 은은한 단맛을 내는 양파를 1/2~1개 정도 강판에 갈아 넣으면 더욱 맛있어.

형! 마지막에 다진 마늘을 넣는 이유가 있나요?

보통 한식요리에서 다진 마늘은 요리 초중반에 넣어 국물의 맛을 내는데, 이와는 다르게 마지막에 다진 마늘을 넣고 잔열로 익히면 마늘 고유의 풍미가 한껏 살아나는 효과가 있단다.

1 감자 2개 중 1개는 강판에 간다.

2 대파는 반으로 갈라 5cm 길이로 썰고, 남은 감자 1개, 당근, 양파는 먹기 좋은 크기로, 청양고추는 송송 썬다.

타지 않게 조심해.

3 팬에 식용유, 고춧가루, 다진 마늘 1숟가락을 넣고 약불에서 살짝 볶는다. 고추기름이 나오기 시작하면 대파를 넣고 천천히 볶는다.

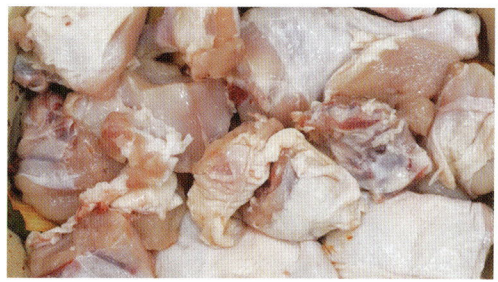

4 대파 향이 올라오면 닭을 넣고 강불에서 1분간 익힌다.

5 닭의 겉면이 익으면 간장과 설탕을 넣고 3분간 볶는다.

총 20분 끓여줘.

6 물을 붓고 썰어둔 감자, 당근과 고추장, 된장을 넣어 잘 풀어준 뒤 중불에서 뚜껑 열고 10분간, 뚜껑 덮고 10분 더 끓인다.

다시다는 취향껏 넣으면 돼.

7 양파, 소고기 다시다, 갈아둔 감자를 풀어 넣고 끓인다.

8 양파가 익으면 불을 끄고 바로 다진 마늘 1숟가락과 청양고추를 올리면 완성!

RECIPE 11
매운소갈비찜

대구 놀러 가서 이거 안 먹었다고 하면 "마 니 돌았나?" 소리 듣는 대구 동인동식 매운소갈비찜 레시피를 알려줄게. 야들야들한 소갈비와 감칠맛 가득한 매운 양념이 아주 매력적인 레시피야. 남은 양념에 밥을 비벼 먹으면 그만한 밥도둑도 없단다.

재료(2인분)

냉장 소갈비 2kg
갈아만든 배 500㎖

갈비삶기
물 600㎖
월계수잎 3장
생강 15g
통후추 1숟가락
맛술 90㎖(1/2컵)
재래식 된장 1숟가락

양념
갈비 삶은 물 200㎖
고운 고춧가루(매운맛) 5숟가락
굵은 고춧가루 5숟가락
진간장 120㎖(2/3컵)
다진 마늘 100g
설탕 4숟가락
순후추 1/4숟가락
참기름 1숟가락
미원 1숟가락

뚝딱이형에게 배우는 요리 노하우

형! 꼭 냉장 소갈비여야 하나요?

잡내 없고 부드러운 소갈비찜을 만들기 위해서는 냉장 소갈비를 추천해. 특히 이 레시피에서는 소갈비 삶은 물도 육수로 쓰기 때문에 깔끔한 맛을 원한다면 냉장 소갈비를 쓰는 게 좋아.

형! 요즘 같은 고물가 시대에 저렴한 고기는 안 되나요?

우리 잼민이가 어른들 주머니 사정까지 걱정하는 시대가 왔구나. 비싸 보이지만 밖에서 사 먹는 것보다 훨씬 싸니까 꼭 도전해 보길 바라.

형! 고춧가루는 어떤 걸 써야 맛있나요?

고운 고춧가루와 굵은 고춧가루를 반반씩 섞어서 넣으면 색도 맛도 더욱 진하게 만들 수 있어.

형! 매운소갈비찜 성공 꿀팁 좀 알려주세요!

대구 동인동식 매운소갈비찜 맛을 제대로 흉내내기 위해서는 이 3가지 키포인트만 기억하면 돼. 첫째, 고추장 대신 오직 고춧가루로만 칼칼한 맛을 낸다. 혹시 매운맛의 끝판왕으로 매운소갈비찜을 만들고 싶다면 일반 고춧가루 대신 청양고춧가루를 넣으렴. 둘째, 이게 맞는 건가 싶을 정도로 다진 마늘을 듬뿍 넣는다. 셋째, 미원으로 감칠맛을 최대로 끌어올린다.

1 소갈비에 갈아만든 배를 부어 6시간 이상 핏물을 뺀 뒤 깨끗하게 씻는다.

중간에 물을 조금씩 보충해가며 끓이고 갈비 삶은 물은 양념할 때 넣게 남겨둬.

2 냄비에 소갈비와 갈비삶기 재료를 모두 넣고 강불에서 50분 동안 삶는다.

형! 이게 끝이면 너무 간단한데요?
쉽고 간단한 게 내 레시피의 특징이란다.
많이 먹어. 잼민아. 뚝딱!

3 냄비에 삶은 소갈비를 건져 넣고 모든 양념 재료와 함께 약불에서 10분간 빠르게 섞어가며 볶으면 완성!

RECIPE 12

두부조림

평생 써먹는 맛보장 두부조림 레시피를 알려줄게. 줄 서서 먹는 신림동 기사식당의 대표메뉴인 두부조림을 따라 한 레시피야. 이런 든든한 반찬 하나 뚝딱 만들면 밥 한 공기는 뚝딱인 거 다들 알지?

재료(2인분)

두부 2모
돼지고기(다짐육) 300g
대파 1대
양파 1개
소금 1/2숟가락
식용유 1숟가락
통후추 1/2숟가락
다진 마늘 1숟가락
물 1컵(180㎖)
참깨 1숟가락

양념

진간장 5숟가락
고추장 2숟가락
된장 1숟가락
고춧가루 3숟가락
설탕 2숟가락
맛술 3숟가락

뚝딱이형에게 배우는 요리 노하우

형! 두부를 왜 닦아요?

두부에 물기가 많으면 두부 표면의 수분 때문에 소금 간과 양념이 잘 배어들지 않는단다. 반드시 키친타월로 두부를 살포시 눌러가며 물기를 제거해 줘.

형! 돼지고기는 어떤 걸로 골라야 하나요?

오늘 만드는 두부조림은 두부와 함께 고기양념에 밥을 쓱쓱 비벼 먹는 것이 핵심이기 때문에 다진 돼지고기를 쓰면 좋아. 뒷다리살, 앞다리살, 등심 등 부위에 상관없이 고르면 돼.

형! 저는 조금 더 칼칼하게 먹고 싶어요!

우리 잼민이 맵부심이 대단하구나. 칼칼한 맛을 원한다면 청양고추 1개를 얇게 썰어 양파를 넣을 때 함께 넣으면 된단다.

1. 두부는 반으로 나눠 1.5cm 두께로 썬다. 키친타월로 두부의 물기를 제거한 후 소금을 뿌려둔다.

2. 대파는 송송 썰고, 양파는 채 썬다.

대파는 고명용으로 조금 남겨줘.

3. 달군 팬에 식용유를 두른 뒤 대파를 넣고 약불에서 볶아 파기름을 만든다.

4. 돼지고기를 넣고 후추를 갈아 밑간한 뒤 약불에서 고기가 익을 때까지 볶는다.

타지 않게 조심해.

5. 팬에 빈 공간을 만들어 양념 재료를 넣고 돼지고기와 섞어 약불에서 타기 직전까지 수분을 날리며 볶는다.

6. 충분히 볶아진 양념 위에 다진 마늘, 물을 넣고 양념을 풀어 중불에서 끓인다.

7. 두부를 겹치지 않게 펼쳐 얹고, 그 위에 양파를 올린 뒤 뚜껑 덮고 20분간 조린다.

8. 마지막으로 대파와 깨를 뿌리면 완성!

RECIPE 13

국물닭발

닭발은 당연히 사 먹는 음식이라고 생각하겠지만 집에서도 유명 닭발 맛집 그 맛 그대로 만들어 먹을 수 있다면 한 번쯤 시도해 볼 만하지 않을까? 실제 닭발 전문점에서 사용하는 레시피를 가정용 레시피로 변형해 보았어. 중독성 강한 매콤 칼칼 국물닭발 레시피를 소개할게. 시작!

재료(4인분)

닭발 1kg
콩나물 200g
굵은 소금 2숟가락
청양고추 2개
참기름 1숟가락
참깨 1숟가락

닭발삶기
통후추 1숟가락
된장 1숟가락
생강 20g

양념
고추장 3숟가락
고춧가루 5숟가락
진간장 5숟가락
설탕 3숟가락
물엿 3숟가락
굴소스 2숟가락
다진 마늘 1.5숟가락
소고기 다시다 1숟가락
순후추 1숟가락
갈아만든 배 1컵(180㎖)

뚝딱이형에게 배우는 요리 노하우

형! 닭발에서 냄새가 나는데요?

국물닭발을 만들 때 가장 중요한 과정이 닭발의 잡내를 잡는 거야. 수육을 삶을 때 엄마가 잡내를 잡으려고 된장, 생강 등을 넣는 것과 마찬가지로 향이 강한 식재료를 팍팍 넣어 닭발의 잡내를 완벽하게 잡는 것이 중요해. 으스러질 정도의 부드러운 식감을 원한다면 처음 삶을 때 1시간 정도 오래 삶으면 된단다. 그리고 다 삶은 닭발은 불순물이 남지 않도록 꼭 물로 깨끗하게 씻어줘.

잼민이 기강 잡자고 너무 어려운 요리하는 거 아니에요?

아직 제대로 된 매운맛을 보지 못했구나, 잼민아. 한 번만 해보면 정말 만만한 요리라는 걸 알게 될 거야. 사 먹는 것보다 훨씬 저렴하게 즐길 수 있는 것도 장점이지.

형! 잼민이는 무뼈닭발이 더 좋은데요!

무뼈닭발을 더 좋아하는 잼민이를 위해 특별히 국물 없는 무뼈닭발 레시피도 함께 준비했어. 56쪽으로 가서 보렴.

1 냄비에 닭발과 삶기 재료를 모두 넣고 닭발이 충분히 잠길 만큼 물을 부어 강불에서 30분간 삶는다. 삶은 닭발은 깨끗이 씻어 물기를 뺀다.

닭발아, 잘 자!

2 볼에 삶은 닭발과 양념 재료를 모두 넣고 잘 버무린 뒤 1시간 이상 재운다.

이때 콩나물 삶은 물 5국자(300㎖)는 따로 남겨둬.

3 물 1.5ℓ에 굵은 소금을 넣고 끓인 후 콩나물을 넣고 뚜껑을 연 채로 강불에서 10분간 삶는다.

4 청양고추는 송송 썬다.

5 팬에 재워둔 닭발과 콩나물 삶은 물 5국자를 넣고 뚜껑을 덮은 채로 중불에서 30분간 끓인다.

6 청양고추와 삶은 콩나물을 넣고 뚜껑을 연 채로 5분간 더 끓인다. 마지막으로 닭발 위에 참기름을 두르고 깨를 뿌리면 완성!

RECIPE 14

로제떡볶이

잼민아, 너 아직도 로제떡볶이 시켜 먹니? 그럼 통장이 텅장 되는 건 시간 문제일 텐데? 잼민이가 좋아하는 토핑을 맘껏 넣어 맛있는 로제떡볶이를 만들 수 있는 레시피를 알려줄게. 클래식한 빨간 떡볶이가 질렸을 때 해 먹기 딱 좋아.

재료(3인분)

밀떡(누들떡) 250g
베이컨 100g
비엔나소시지 200g
넓적당면 30g
식용유 1숟가락
휘핑크림(무가당) 250㎖
파슬리가루 조금

소스
물 250㎖
시판 떡볶이소스 140g
고추장 1숟가락
고춧가루 1숟가락
카레가루 1/2숟가락
순후추 1/3숟가락

뚝딱이형에게 배우는 요리 노하우

형! 이 레시피가 바로 전설의 시작이군요!

사실 나도 이렇게 많은 분들이 보실 줄은 몰랐단다. 태어나서 처음 만들어본, 아직 잼민이도 등장하지 않은 신입 유튜버의 첫 영상이야. 이 레시피를 계기로 앞으로도 쉽고 간단하면서도 맛있고 저렴하게 만들 수 있는 레시피를 많이 알려야겠다고 생각했지.

형! 맛집 알바생님이 레시피가 거의 똑같다는데요!

내가 다 생각이 있어서 소개하는 레시피란다. 밤낮으로 연구하여 자신 있게 소개할 수 있는 레시피들만 소개하는 거야. 정말 나 믿고 한 번만 따라 해봐.

형! 저는 사진처럼 빨간 색깔이 나오지 않아요!

크림이 들어간 요리는 불을 끄면 국물이 갑자기 졸아들면서 소스 색이 더 진해져. 국물이 어느 정도 자박자박 할 때 불을 꺼야 원하는 농도로 만들 수 있고, 국물이 졸아들면서 색깔도 더 빨갛게 될 거야.

형! 저는 요즘 유행하는 분모자를 넣고 싶은데요?

분모자도 쫄깃하니 맛있지. 미리 불려 둔 분모자를 떡과 넓적당면을 넣을 때 같이 넣으면 된단다.

1 베이컨은 한입 크기로 썰고, 넓적당면은 미지근한 물에 1시간 동안 불려둔다.

2 달군 팬에 식용유를 두르고, 베이컨과 비엔나 소시지를 볶는다.

3 베이컨이 노릇해지면 소스 재료를 모두 넣고 잘 풀어 중불에서 끓인다.

4 소스가 끓어오르면 밀떡과 불린 넓적당면을 넣고 볶는다.

5 떡이 반쯤 익으면 휘핑크림을 넣고 잘 섞어가며 떡과 넓적당면을 모두 익힌다.

6 마지막으로 불을 끄고 파슬리가루를 솔솔 뿌리면 완성!

RECIPE 15

오징어볶음

잼민아! 아직도 해산물 요리에 자신 없어 하는 요리 초보자들에게 오늘 소개하는 오징어볶음 레시피를 꼭 전해주렴. 폐업 직전의 기사식당을 유명 대박집으로 만들어준 오징어볶음 레시피란다. 비린내 없이 깔끔하게 오징어볶음을 뚝딱 만들 수 있는 비법 양념 레시피를 알려줄게.

재료(2인분)

오징어 400g(큰 오징어 2마리 or 작은 오징어 3마리)
양배추 300g
대파 2대
양파 1개
애호박 80g
당근 80g
청양고추 2개
고춧가루 2숟가락
진간장 3숟가락
참기름 1숟가락
참깨 조금

오징어양념
고춧가루 3숟가락
고추장 3숟가락
물엿 4숟가락
굴소스 1숟가락
다진 마늘 2숟가락
맛술 2숟가락
감자전분 1숟가락

뚝딱이형에게 배우는 요리 노하우

형! 오징어 손질이 너무 어려워요.
오징어 손질이 어려운 초보자라면 손질법을 검색해 보거나, 구입할 때 사장님한테 손질해달라고 하자. 아니면 냉동 손질 오징어를 써도 좋아.

형! 오징어볶음 성공 꿀팁이 있다고 들었는데요!
불 세기는 최대한 강불로, 5분 이내에 오징어를 빠르게 휘리릭~ 익히는 게 중요해. 오래 익히면 오징어가 머금은 맛있는 수분이 모두 빠져나와 질겨진단다.

형! 저는 기사식당 느낌의 오징어덮밥을 먹고 싶은데요!
잼민이 벌써 그 맛있다는 기사식당 오징어덮밥도 먹어봤니? 따뜻한 밥 한 공기에 오징어볶음을 듬뿍 올리고 계란프라이, 김가루, 깨를 취향껏 넣어 비벼 먹으면 기사식당에서 먹는 오징어덮밥을 집에서도 먹을 수 있단다.

1 오징어는 깨끗하게 손질해 먹기 좋은 크기로 썬다.

2 볼에 오징어와 양념 재료를 모두 넣고 버무린다.

3 양배추는 큼직하게, 대파는 반으로 갈라 5cm 길이로 썬다.

4 양파와 당근은 채 썰고, 애호박은 5cm 길이로 넓게, 청양고추는 송송 썬다.

5 팬에 식용유를 두른 뒤 대파를 넣고 강불에서 볶아 파기름을 낸다.

6 대파 향이 올라오면 양배추, 양파, 고춧가루, 간장을 넣고 잘 볶는다.

7 양배추가 투명해지면 애호박, 당근과 양념해 둔 오징어를 넣고 강불에서 5분 이내로 빠르게 볶는다.

8 오징어가 거의 다 익으면 청양고추와 참기름을 넣고 한 번 섞은 뒤, 깨를 뿌려 완성!

RECIPE 16

제육볶음

많은 구독자님들께서 '인생 제육볶음'이라고 칭찬해주신 유명 기사식당 제육볶음 레시피를 알려줄게. 우리가 흔히 가정에서 먹는 제육볶음보다 진하고 윤기가 좔좔 흐르는 양념이 특징이지. 한번 맛보면 입에 착 감기는 감칠맛에 반해 평생 써먹는 유용한 제육볶음 레시피가 될 거야.

재료(2인분)

삼겹살 500g
양배추 100g
양파 1개
당근 40g
대파 1대
청양고추 2개
식용유 1/2숟가락
진간장 5숟가락
설탕 1숟가락
참깨 조금

양념

고추장 1숟가락
고춧가루 3숟가락
다진 마늘 1숟가락
물엿 1숟가락
굴소스 1숟가락
맛술 1숟가락

뚝딱이형에게 배우는 요리 노하우

형! 제육볶음 성공 꿀팁 좀 알려주세요!

우선 고기 부위에 따라 식용유를 조절해서 넣어줘. 기름이 많은 삼겹살이면 삼겹살에서 나오는 기름으로도 충분하니 식용유를 넣지 않거나 줄이고, 목살 등 담백한 부위라면 1/2숟가락을 더 넣으면 된단다. 기름이 너무 많다 싶으면 고기를 굽고 나서 기름을 덜어내도 되니까 너무 걱정하지 마.

형! 저는 다른 채소도 넣어 먹고 싶어요!

레시피에 있는 채소의 양보다 더 넣어도 되고, 팽이버섯, 새송이버섯 등 각종 버섯이나 채소를 추가해도 돼! 다만 너무 많이 넣거나 오래 가열하면 채소의 수분이 모두 빠져나와 묽어지니까 강불로 빠르게 볶아야 돼.

형! 우리 집에는 물엿이 없어요!

물엿, 굴소스, 맛술은 선택사항이야. 물엿, 굴소스, 맛술이 없으면 설탕 1/2숟가락과 진간장 1/2숟가락을 추가로 넣으면 돼.

1 삼겹살은 한입 크기로 썬다.

2 양배추는 한입 크기로, 양파와 당근은 채 썰고, 대파와 청양고추는 송송 썬다.

삼겹살을 앞뒤로 코팅한다는 느낌으로 구워줘.

3 달군 팬에 식용유를 두르고 삼겹살, 설탕, 간장 2숟가락을 넣어 중불에서 앞뒤로 노릇하게 구운 뒤 삼겹살을 건져둔다.

4 고기를 구운 팬에 양배추, 양파, 당근, 간장 3숟가락을 넣고 강불에서 빠르게 볶는다.

5 양파가 반 정도 투명해지면 따로 건져둔 삼겹살과 양념 재료를 모두 넣고 잘 섞어가며 빠르게 볶는다.

6 모든 재료가 윤기 나게 볶아지면 대파, 청양고추를 넣고 딱 10초만 휘리릭 볶은 뒤, 통깨를 뿌리면 완성!

RECIPE 17

무뼈닭발볶음

재료(3인분)

무뼈닭발 1kg
물 2ℓ
설탕 1숟가락
소금 1숟가락
통후추 1숟가락
소주 1컵(180㎖)
화유 2숟가락
참깨 1숟가락

청양고추베이스

양파 100g
청양고추 10개
마늘 8알
생강 2g
소주 1컵(180㎖)

양념

식용유 2숟가락
고추장 2숟가락
고운 고춧가루(매운맛) 3숟가락
굵은 고춧가루 3숟가락
진간장 8숟가락
물엿 4숟가락
설탕 3숟가락
통후추 간 것 1/4숟가락
미원 1/2숟가락
소고기 다시다 1숟가락
굴소스 2숟가락
다진 마늘 1숟가락

유명 닭발 맛집에서 실제로 사용하는 비법 레시피를 준비했어. 원가에 비해 비싸게 판매되는 닭발요리를 내가 직접 해 먹으면 그만큼 뿌듯한 일도 없을 거야. 실제로 구독자님들도 이 레시피를 알게 된 뒤부터 배달 안 시켜 먹고 직접 해 드시기 시작했대. 매콤한 안주를 내가 직접 만들어 먹어보고 싶을 때 강력추천하는 레시피야!

뚝딱이형에게 배우는 요리 노하우

형! 무뼈닭발 삶는 팁 좀 알려주세요!

반드시 팔팔 끓는 물에 닭발을 넣고 5분만 삶는 것이 중요해! 끓지 않는 물에 닭발을 넣으면 닭발의 맛있는 성분들이 모두 빠져나가기 때문이지!

형! 뼈 있는 닭발로 만들어 먹고 싶은데요!

뼈 있는 닭발로 만들 때에는 삶을 때 된장 1숟가락과 월계수잎 2장을 추가로 넣고 30분~1시간 정도 푹 삶으면 돼!

형! 우리 집에는 토치가 없어요!

토치가 없을 때에는 과감히 생략하고, 그 대신 화유를 꼭 넣어. 화유를 넣으면 사 먹는 닭발에서 느낄 수 있는 불맛을 그대로 느낄 수 있단다.

1 냄비에 물, 설탕, 소금, 통후추를 넣고 끓인다.

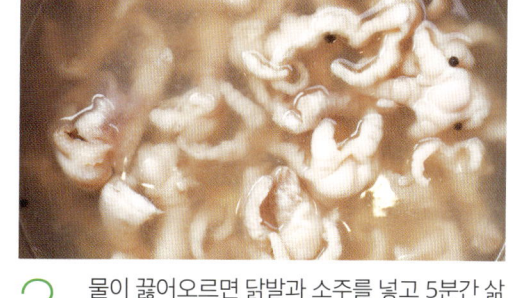

2 물이 끓어오르면 닭발과 소주를 넣고 5분간 삶은 뒤, 건져시 물에 씻는다.

> 이 때 청양고추는 기호에 따라 조절해서 넣어줘.

3 믹서에 청양고추베이스 재료를 넣고 곱게 간다.

> 양념이 타지 않도록 조심해.

4 팬에 양념 재료를 모두 넣고 약불에서 볶는다.

5 양념이 끓어오르면 닭발을 넣고 중불에서 볶는다.

6 닭발에 양념이 잘 스며들면 청양고추베이스를 넣고 빠르게 섞어가며 강불에서 볶는다.

7 토치로 닭발의 겉면을 타지 않게 살짝씩 그을려 불맛을 낸 뒤 화유를 넣어 한 번 섞고 깨를 뿌리면 완성!

RECIPE 18

오돌뼈볶음

재료(3인분)

오돌뼈 1kg
양파 80g
대파 1대
마늘 10알
식용유 8숟가락
고춧가루 6숟가락
화유 2숟가락
참깨 1숟가락

오돌뼈삶기

물 1ℓ
소주 1병
소금 1/2숟가락
설탕 1/2숟가락

양념

고추장 1.5숟가락
설탕 2숟가락
물엿 3숟가락
다진 생강 1/2숟가락
다진 마늘 1.5숟가락
국간장 2숟가락
진간장 2숟가락
순후추 1/3숟가락
소고기 다시다 1숟가락

닭발과 함께 안주계의 양대산맥이라고 할 수 있는 오돌뼈볶음 레시피도 준비했어. 오돌뼈볶음을 집에서도 그 맛 그대로 훨씬 저렴하게 직접 해 먹으면 꽤나 근사한 안주가 될 거야. 오돌뼈볶음은 주먹밥과 같이 먹는 거 다들 알고 있지?

뚝딱이형에게 배우는 요리 노하우

형! 소주를 너무 많이 넣는 거 아니예요?

끓이는 과정에서 알코올 성분은 모두 날아가니 걱정하지 않아도 된단다. 오돌뼈는 연골에 붙어있어 잡내가 나기 쉬운 부위야. 소주를 충분히 넣어서 잡내를 확실히 잡는 과정이 반드시 필요해. 그리고 팔팔 끓기 시작할 때 오돌뼈를 넣고 딱 5분만 삶아서 오돌뼈의 맛있는 성분이 물로 빠져나가지 않게 해!

형! 우리 집에는 토치가 없어요!

토치가 없다면 과감히 생략해도 되지만, 화유는 반드시 넣어줘. 화유를 넣으면 사 먹는 오돌뼈볶음에서 느낄 수 있는 불맛을 그대로 느낄 수 있단다.

형! 오돌뼈는 어디서 사나요?

마트나 정육점에서 오돌뼈를 따로 안 파는 경우도 있더라고. 자주 가는 정육점이나 마트에 오돌뼈가 없으면 나처럼 인터넷으로 냉동 오돌뼈를 주문하면 돼.

1 대파는 송송 썰고, 양파는 채 썬다.

2 냄비에 오돌뼈삶기 재료와 오돌뼈를 넣고 강불에서 5분간 끓이고 건진다.

3 달군 팬에 식용유, 오돌뼈, 고춧가루를 넣고 중불에서 잘 볶는다.

4 고추기름이 나오기 시작하면 양념 재료를 모두 넣고 강불에서 빠르게 볶는다.

5 마늘, 양파, 대파를 넣고 마늘이 익을 때까지 볶는다.

6 토치로 오돌뼈의 겉면을 타지 않게 살짝 그을려 불맛을 낸 뒤, 화유를 넣고 깨를 조금 뿌리면 완성!

RECIPE 19

낙곱새

재료(2인분)

대창 500g
절단낙지 350g
새우 10마리
양배추 100g
양파 100g
청양고추 2개
대파 1/2대
시판 사골육수 300㎖
당면 50g
참기름 1숟가락

대창삶기

생강 1개
된장 1.5숟가락
월계수잎 3장
맛술 3숟가락
통후추 1숟가락

양념장

양파 50g
고춧가루 4숟가락
진간장 2숟가락
멸치액젓 2숟가락
설탕 1숟가락
된장 1숟가락
고추장 1숟가락
맛술 1숟가락
미원 1/2숟가락
소고기 다시다 1/2숟가락
다진 생강 1/4숟가락
다진 마늘 2숟가락
순후추 1/3숟가락

부산의 명물 음식이면서 최강의 조합이라고 불리는 낙곱새 레시피를 알려줄게. 쫄깃한 낙지, 고소한 대창, 탱글한 새우까지 다채로운 맛과 식감은 물론이고 매콤칼칼한 양념장을 넣어 자박하게 끓여낸 진한 국물 맛이 일품이지. 한번 해 먹어보면 오늘부터 최고의 식사 겸 안주 메뉴로 등극할 거야.

뚝딱이형에게 배우는 요리 노하우

형! 더욱 맛있게 만들 수 있는 꿀팁이 있다고 들었어요! ✕

완성된 양념장은 밀봉한 뒤 냉장고에서 하루 정도 숙성시키면 더욱 감칠맛 나는 낙곱새를 만들 수 있어. 시간이 있다면 미리 양념장을 만들어 숙성시켜 봐. 그리고 취향에 따라 마지막에 들깻가루 1숟가락을 넣으면 더욱 진하고 고소한 국물을 느낄 수 있단다.

형! 낙지 손질하기가 무서운데요. ✕

그래, 아직 잼민이한테는 무리일 수 있지. 낙지 내장까지 손질해서 빨판에 있는 이물질까지 제거하려면 너무 번거로우니까 초보자들은 손질된 낙지를 구하는 게 좋아.

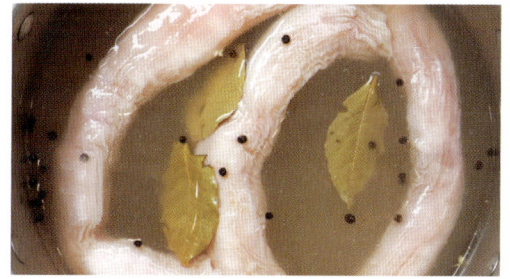

1 끓는 물에 대창과 삶기 재료를 모두 넣고 1시간 동안 삶는다. 삶은 대창은 가위로 한입 크기로 자른다.

2 당면은 미지근한 물에 2시간 정도 불린다.

3 양배추는 한입 크기로, 양파는 채 썰고, 청양고추는 송송, 대파는 반으로 갈라 2cm 길이로 썬다.

4 양념장 재료 중 양파를 강판에 갈아 즙을 만든 뒤 나머지 재료를 모두 넣고 잘 섞는다.

5 냄비에 양배추와 양파를 깐 다음 새우, 낙지, 대창을 올리고, 양념장을 모두 넣는다.

6 사골육수를 넣고 양념장을 풀어가며 강불에서 끓인다.

7 국물이 끓기 시작하면 당면을 넣는다.

취향에 따라 들깨가루 1숟가락을 넣어줘.

8 당면이 거의 다 익으면 청양고추, 대파, 참기름을 넣고 한 번 섞으면 완성!

얼큰샤브샤브칼국수

RECIPE 20

재료(2인분)

소고기(샤브샤브용) 300g
칼국수면 2인분
청양고추 4개
미나리 200g
느타리버섯 200g
팽이버섯 50g
물 2ℓ
멸치(육수용) 8마리
다시마 1조각

양념

고춧가루 4숟가락
고추장 2숟가락
된장 1숟가락
국간장 3숟가락
맛술 1숟가락
다진 마늘 2숟가락
소고기 다시다 1숟가락
미원 1/3숟가락

죽

샤브샤브 국물 4국자
밥 1공기(210g)
미나리 20g
당근 20g
애호박 20g
계란 1개

잼민아! 아침저녁으로 서늘한 바람이 부는 어느 날 따뜻한 국물요리가 생각날 때 해 먹으면 딱인 음식이 하나 있단다. 바로 버섯매운탕이라고도 불리는 얼큰샤브샤브칼국수야. 칼칼하고 걸쭉한 국물에 향긋한 미나리와 버섯, 칼국수가 잘 어우러진 메뉴란다. 한국인의 영원한 후식, 죽까지 든든하게 즐길 수 있는 방법도 알려줄게. 시작!

뚝딱이형에게 배우는 요리 노하우

형! 샤브샤브를 만들어 먹을 때의 장점이 있다면요?

그야 원하는 재료를 맘껏 추가할 수 있다는 점이지! 취향에 따라 버섯, 배추, 만두, 수제비 등 샤브샤브에 어울리는 재료를 추가하면 더욱 맛있게 먹을 수 있단다.

형! 샤브샤브로 먹을 수 있는 소고기는 무엇이 있나요?

우둔살, 앞다리살, 차돌박이, 우삼겹, 목심 등이 어울려. 부위는 크게 상관없이 '샤브샤브용 소고기'라고 적혀있는 얇게 썬 소고기면 돼. 담백한 국물맛을 원하면 우둔살과 목심을, 기름진 고소한 맛을 원하면 차돌박이와 우삼겹을 고르렴.

1 물에 멸치, 다시마를 넣고 강불에서 끓이다가 끓기 시작하면 청양고추를 통으로 넣고 1.5ℓ로 줄어들 때까지 끓인 뒤 건더기를 모두 건져낸다.

2 미나리는 6cm 길이로 썰고 죽에 넣을 미나리, 당근, 애호박은 잘게 다진다.

3 팽이버섯과 느타리버섯은 밑동을 잘라내고 손으로 찢는다.

4 볼에 양념 재료를 모두 넣고 잘 섞는다.

고기는 겹치지 않게 한 장씩 떼어서 넣어줘.

5 냄비에 육수, 양념, 미나리와 느타리버섯, 팽이버섯, 샤브샤브용 고기를 넣고 저어가며 끓인다.

6 고기가 반쯤 익으면 칼국수면을 넣고 익을 때까지 저어주면 샤브샤브칼국수 완성!

7 국물을 4국자 정도만 남기고 남은 건더기를 모두 건진 뒤 밥과 다진 채소를 넣고 잘 섞는다. 국물이 반 이상 줄어들면 계란을 넣고 볶아 죽 완성!

RECIPE 21
비빔국수

평생 써먹는 아주 유용한 비빔국수 레시피를 알려줄게. 간단한 한 끼 식사로도 좋고, 삼겹살과 함께 먹어도 아주 잘 어울리는 비빔국수 레시피라고 할 수 있지. 더운 여름, 입맛 없을 때 이 레시피로 만든 새콤달콤한 비빔국수 한 그릇이면 집 나간 입맛도 서둘러 귀가할 맛이란다.

재료(1인분)

소면 1인분(100g)
다진 김치 1~2숟가락
상추 2장
김가루 조금
참깨 1숟가락
참기름 1숟가락

양념(4인분)

사과 80g
양파 30g
칠성사이다 1컵(180㎖)
고추장 3숟가락
진간장 1숟가락
고운 고춧가루 1숟가락
설탕 1숟가락
물엿 1숟가락
식초 2숟가락
청양고추 1개
매실청 2숟가락
다진 마늘 1숟가락

뚝딱이형에게 배우는 요리 노하우

형! 저는 다른 토핑도 올려 먹고 싶어요.

우리 잼민이 맛잘알 다 됐구나. 삶은 계란, 채 썬 깻잎 등을 올려 먹어도 참 맛있지. 하지만 다진 김치, 간 깨, 참기름만큼은 꼭 넣어야 비빔국수의 풍미를 느낄 수 있단다. 취향에 따라 참기름 대신 들기름도 좋아.

형! 양념 너무 많이 만드는 거 아니에요?

사실 모두가 알잖아? 우리는 소면 1인분으로 배가 차지 않는다는 것을. 성인 남성이면 보통 소면 2인분은 거뜬히 드시기에 양념장도 넉넉히 만들어 보았어. 4인분 정도의 양이란다.

형! 저는 깨 갈기 귀찮아요. 팔 아프단 말이에요.

깨도 안 갈 거면서 얻어먹을 생각을 하다니 너무하는구나. 집에 깨절구가 없거나 갈기 귀찮으면 양념 재료와 같이 믹서에 넣고 갈아도 된단다.

1 통깨를 곱게 갈고 김치는 잘게 썬다.

2 상추는 한입 크기로 자른다.

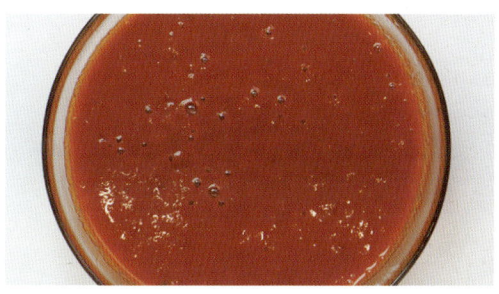

3 믹서에 양념장 재료를 넣고 곱게 갈아 양념장을 만든다.

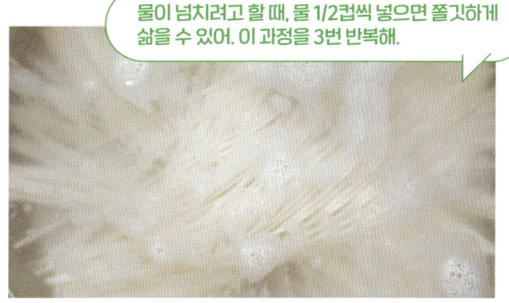

물이 넘치려고 할 때, 물 1/2컵씩 넣으면 쫄깃하게 삶을 수 있어. 이 과정을 3번 반복해.

4 끓는 물에 소면을 넣고 삶아 찬물 또는 얼음물에 비벼 헹군 뒤, 체에 밭쳐 물기를 뺀다.

5 그릇에 면을 돌돌 말아 올린 뒤, 양념장 100㎖ (10~12숟가락), 다진 김치, 상추, 김가루, 참기름, 간 깨를 올리고 잘 비비면 완성!

RECIPE 22

쫄면순두부

잼민아, 너 쫄순이라고 들어봤니? 순두부찌개에 쫄면사리를 넣은 것을 쫄순이라고 한단다. 여대 앞 유명 분식집에서 가장 인기 좋은 메뉴이지. 쫄면을 모두 건져 먹고 남은 국물에 밥까지 말아 먹으면 마치 두 끼 같은 한 끼 식사가 된단다.

재료(1인분)

쫄면 1인분(120g)
순두부 1봉지(400g)
베이컨 2줄
대파 1대
양파 1/4개
계란 1개
식용유 1숟가락
고춧가루 3숟가락
물 1컵(180㎖)
국간장 2숟가락
다진 마늘 1숟가락
굴소스 1숟가락
소고기 다시다 1숟가락

뚝딱이형에게 배우는 요리 노하우

형! 잼민이 집에는 베이컨이 없어요!

순두부찌개는 베이컨 말고도 돼지고기, 스팸, 소시지, 참치, 어묵 등 기름기가 많은 재료면 얼큰하게 끓일 수 있단다! 취향에 따라 좋아하는 재료를 넣으면 돼.

형! 물을 너무 적게 넣는 것 같은데요?

순두부에서 물이 생각보다 많이 나온단다. 그래서 일단 물은 적게 잡고 물이 부족하다 싶으면 그때 추가하는 것이 좋아.

1. 쫄면은 물에 40초 정도 불린 뒤, 한 가닥씩 떼어낸다.

2. 대파는 반으로 갈라 송송, 양파는 채 썰고, 베이컨은 잘게 다진다.

> 고명용 대파를 조금 남겨둬.

3. 뚝배기에 식용유를 두르고 대파, 베이컨, 고춧가루를 넣어 대파의 숨이 완전히 죽을 때까지 약불에서 볶는다.

4. 물, 양파, 국간장, 다진 마늘, 굴소스, 소고기 다시다를 넣고 강불로 팔팔 끓인다.

> 약불을 유지하여 쫄면이 바닥에 눌어붙지 않게 주의해.

5. 쫄면사리를 넣고 약불에서 면이 서로 붙지 않게 잘 풀어가며 끓인다.

> 간을 본 뒤, 간이 세면 물을 조금씩 추가해줘.

6. 쫄면이 반 정도 익으면 순두부를 넣고 숭덩숭덩 자른다.

7. 마지막으로 계란과 대파를 올리고 1분 더 끓이면 완성!

RECIPE 23
골뱅이무침

을지로 골뱅이 골목 느낌의 골뱅이무침 레시피를 준비했어. 한국인들에게 골뱅이무침이란 '밥반찬 vs 술안주'라는 끊임없는 논쟁의 대상이지만, 그만큼 꾸준히 사랑받는 메뉴라는 거겠지? 조미료 없이도 감칠맛 가득한 비결을 알려줄게.

재료(3인분)

통조림골뱅이 600g
소면 300g
황태포 30g
파채 100g
양파 1/2개
참깨 조금

양념

고추장 2숟가락
고춧가루 4숟가락
매실액 4숟가락
식초 4숟가락
올리고당 2숟가락
다진 마늘 1.5숟가락
들기름 2숟가락

뚝딱이형에게 배우는 요리 노하우

형! 우리 엄마가 오이도 넣고 싶대요!
골뱅이무침에 오이를 넣어도 참 맛있지! 오이뿐만 아니라 상추, 깻잎도 시원하니 잘 어울려!

형! 집에 있는 대파로 파채를 만들어도 되나요?
오우! 세상에나! 그게 얼마나 귀찮은 일인데! 괜히 잼민이 같은 요리 초보자가 만들다가는 십중팔구로 손을 다친단다. 손질된 파채를 사는 것이 훨씬 효율적이야.

형! 저는 소면보다 쫄면이 더 좋아요!
골뱅이를 쫄깃한 식감이 매력적인 쫄면과 함께 먹다니 그것 또한 굿 아이디어로구나! 끓는 물에 쫄면을 넣고 3분 정도 잘 저어가며 삶은 뒤 찬물로 헹궈 체에 밭쳐 물기를 빼면 쫄면 준비 완료!

형! 골뱅이 국물은 왜 버리지 않나요?
이렇게나 감칠맛이 폭발하는 골뱅이국물을 버리는 것은 내 사전에 용납할 수 없는 일이야! 골뱅이 국물을 따로 넣어도 맛있지만, 황태채를 불릴 때 쓰면 건조한 황태채가 골뱅이 국물을 한껏 머금어 더욱 촉촉하게 먹을 수 있단다.

통조림 국물은 버리지 말고 남겨둬.

1 골뱅이는 체에 받쳐 국물을 뺀 뒤, 가위로 반 자른다.

2 황태포는 가위로 먹기 좋게 잘라 골뱅이국물 5숟가락을 넣고 잘 버무려 불린다.

3 파채는 가위로 먹기 좋게 자르고 양파는 얇게 채 썬다.

4 볼에 파채, 양파, 골뱅이, 황태포와 양념 재료를 모두 넣고 잘 버무린다.

물이 넘치려고 할 때, 물 1/2컵씩 넣으면 쫄깃하게 삶을 수 있어. 이 과정을 3번 반복해줘.

5 끓는 물에 소면을 넣고 삶아 찬물 또는 얼음물에 비벼 헹구고 체에 받쳐 물기를 뺀다.

6 그릇에 소면과 골뱅이무침을 올리고 깨를 뿌린 뒤 잘 비비면 완성!

RECIPE 24

김치말이국수

잼민아, 너는 고깃집 후식으로 냉면과 김치말이국수 중 뭐가 더 좋니? 이번에는 흔하게 먹는 냉면 말고 개운하고 시원한 국물 맛이 일품인 김치말이국수 레시피를 준비했어. 노릇하게 구운 만두와 환상의 궁합으로, 느끼한 맛을 싸-악 잡아줄 거야.

재료(1인분)

소면 1인분(100g)
오이 30g
삶은 계란 1/2개
김치 1컵(100g)
참기름 1숟가락
참깨 1숟가락

육수

시판 냉면육수(소고기맛) 500㎖
시판 사골육수 100㎖
김칫국물 10숟가락(70㎖)
설탕 1/2숟가락
식초 1숟가락

뚝딱이형에게 배우는 요리 노하우

형! 우리 집에 열무김치가 있는데 넣어도 되나요?

배추김치 말고 열무김치를 넣어도 개운하니 좋지~ 열무김치를 한입 크기로 자른 뒤 김칫국물과 함께 넣어줘.

형! 살얼음 동동 띄운 김치말이 국수 한 그릇 부탁해요!

잼민이가 제대로 먹을 줄 아는구나. 더운 여름엔 이가 시릴 정도로 차갑게 먹는게 또 별미지. 시판 냉면육수를 3~4시간 정도 냉동실에서 살짝 얼렸다 넣으면 살얼음 동동 띄워 먹을 수 있어. 깜빡하고 너무 많이 얼렸다고? 그럴 땐 칼 같은 도구로 육수팩을 탕탕 쳐서 부수면 된단다. 별 거 없어~

형! 육수를 한 번에 많이 만들고 싶은데, 이 때 주의사항이 있다고 들었습니다!

3~4인분용 육수를 한 번에 만들 때, 시판 사골육수 한 팩을 다 부으면 밑에 가라앉아 있던 기름 덩어리가 찬 육수에 들어가 기름이 둥둥 뜰 수 있어. 이 때는 체에 한 번 걸러 넣으면 된단다.

1 냉면 육수를 살얼음이 생길 정도로 냉동실에서 살짝 얼리고 오이는 얇게 채 썬다.

2 김치는 잘게 다진 뒤 참기름을 넣고 버무린다.

3 참깨는 곱게 간다.

물이 넘치려고 할 때, 물 1/2컵씩 넣으면 쫄깃하게 삶을 수 있어. 이 과정을 3번 반복해줘.

4 끓는 물에 소면을 넣고 삶아 찬물 또는 얼음물에 비벼 헹군 뒤, 체에 받쳐 물기를 뺀다.

5 그릇에 육수 재료를 모두 넣고 설탕이 완전히 녹을 때까지 잘 섞는다. 삶은 소면, 김치, 오이, 삶은 계란, 간 깨를 올리면 완성!

RECIPE 25

치즈김치볶음밥

강남 유명 술집의 시그니처 메뉴로 자리잡은 치즈김치볶음밥 레시피를 준비했어. 흔히 먹는 김치볶음밥보다 감칠맛도 일품, 비주얼도 일품인 김치볶음밥이야. 사진만 봐도 누구나 아는 국민볶음밥이지만 이렇게 만들면 더 특별하단다.

재료(2인분)

김치 2컵(360g)
스팸 1/2캔(170g)
양파 1/2개
대파 1대
밥 2공기(420g)
식용유 2숟가락
모짜렐라치즈(슈레드) 적당량
계란 1개
파슬리가루 조금

양념

고추장 1.5숟가락
고춧가루 2숟가락
설탕 1/2숟가락
진간장 1숟가락
다진 마늘 1숟가락
소고기 다시다 1/2숟가락

뚝딱이형에게 배우는 요리 노하우

형! 치즈김치볶음밥 성공 꿀팁 좀 전수해주세요.

이 요리의 핵심은 바로 불 조절이라고 할 수 있어. 재료를 넣고 볶을 때는 천천히 파기름을 내고, 양념이 타지 않도록 중약불을 유지하는 것이 중요해. 밥을 넣고 볶을 때는 양념과 밥이 골고루 섞일 수 있도록 약불을 유지해 줘.

형! 웬일로 플레이팅이 이렇게 예쁜가요?

잼민아, 이런 날도 있어야지. 4구 프라이팬에 계란프라이를 하면 내가 한 것처럼 예쁜 플레이팅이 가능하단다. 전을 예쁘게 부치기에도 좋아. 요리실력에 비해 플레이팅 실력이 부족한 나에게 이런 장비는 필수지.

1 대파는 얇게 썰고, 양파와 스팸은 잘게 썬다.

김치 심지도 작게 다져 넣어 식감을 살린다.

2 김치는 작게 다진다.

3 팬에 식용유를 두르고 김치, 대파, 양파, 스팸, 양념 재료를 모두 넣고 중약불로 10분간 볶는다.

4 밥을 넣고 약불에서 잘 섞어가며 볶는다.

5 밥공기에 볶은 밥을 눌러 담고 팬의 가운데에 엎어 모양을 잡는다. 밥 주변의 빈 공간에 모짜렐라치즈를 두른 뒤, 치즈가 녹을 때까지 약불에서 뚜껑을 덮고 기다린다.

6 마지막으로 밥 위에 계란프라이를 올리고 파슬리가루를 뿌리면 완성!

RECIPE 26

순살소갈비찜

고급 한식 레스토랑에서 메인 메뉴로 판매하는 순살소갈비찜 레시피를 준비했어. 셰프에게 뇌물을 먹이고 가져온 레시피란다. '입에서 살살 녹는다'라는 표현이 딱 어울리는 메뉴로, 부드럽고 먹기도 편해서 명절이나 손님 대접용으로 추천하는 레시피야.

재료(4인분)

소 늑간살 1kg
감자 2개
당근 90g
가래떡 150g
식용유 조금
참기름 1/2숟가락

양념
갈아만든 배 500㎖
흑설탕 2숟가락
물엿 3숟가락
진간장 70㎖
맛술 1/2컵(90㎖)
다진 마늘 1.5숟가락
순후추 1/2숟가락
춘장 1숟가락

뚝딱이형에게 배우는 요리 노하우

형! 소갈빗살에 붙은 근막은 떼어내야 하나요?
더욱더 부드러운 식감을 원한다면 갈빗살 위에 붙은 근막을 제거해도 되지만, 내가 알려주는 레시피는 약불로 장시간 조리해서 근막도 부드럽고 먹기 좋게 변하니까 굳이 떼어내지 않아도 돼.

형! 고기는 왜 구워서 양념하나요?
고기를 굽지 않으면 약불로 양념을 조리는 과정에서 근막과 살이 분리될 수 있어. 갈비 모양이 잘 유지되도록 한 번 굽고 시작하는 것을 추천해.

형! 왜 갑자기 흑설탕을 써요?
흑설탕은 캐러멜색소가 들어있어 특유의 향과 진한 색을 낼 때 적합하지. 없으면 황설탕이나 백설탕을 넣어도 돼.

형! 저는 당근을 싫어해요!
나도 동의하지만 갈비찜의 먹음직스러운 색깔을 위해 당근을 넣었단다. 아니면 당근과 같은 양으로 무를 큼직하게 썰어 넣어도 맛있어.

형! 갈아만든 배가 없어요.
사실 갈비찜에 배는 필수 재료야. 하지만 배는 비싸고, 껍질 깎아서 갈아 넣으려면 너무 복잡해져. 쉽고 간단한 요리를 강조하는 내 요리철학과 맞지 않아. 갈아만든 배 음료는 보관도 편하고 쉽게 구할 수 있는 재료이니까 반드시 준비해 줘.

1 감자와 당근은 큼직하게 썬다.

2 늑간살도 큼직하게 썬다.

3 달군 팬에 식용유를 두른 뒤 늑간살을 겉면만 바삭하게 강불에서 빠르게 구워 건져내고 나온 기름은 모두 제거한다.

4 구운 늑간살에 양념 재료를 모두 넣고 버무려 냉장고에서 2시간 재운 뒤 하얗게 굳은 기름층을 걷어낸다.

중간에 물이 부족하면 조금씩 추가해줘.

5 재운 늑간살을 중약불에서 2시간 동안 천천히 끓이며 양념을 졸인다.

6 감자와 당근을 넣고 잘 섞어 익힌다.

7 감자와 당근이 모두 익으면 가래떡을 넣고 잘 섞는다.

8 가래떡이 모두 익으면 불을 끄고 참기름을 넣어 한 번 섞으면 완성!

RECIPE 27

기사식당 뚝배기불고기

기사식당 메뉴에서 빠질 수 없는 뚝배기불고기, 일명 '뚝불' 레시피를 준비했지. 집에서도 기사식당 느낌으로 그대로 만들 수 있어. 고기와 채소를 한꺼번에 양념해서 냉장고에 넣어두었다가 1인분씩 뚝배기에 넣어 요리하면 금세 완벽한 한 끼가 될 거야.

재료(4인분)

소고기(불고기용) 600g
당면 100g
표고버섯 3개
대파 1대
양파 1개
당근 80g
팽이버섯 1봉

양념

진간장 1컵(180㎖)
갈아만든 배 1컵(180㎖)
미림 1/2컵(90㎖)
설탕 3숟가락
참기름 2숟가락
다진 마늘 1.5숟가락
미원 1/3숟가락

뚝딱이형에게 배우는 요리 노하우

형! 뚝불 성공 꿀팁 좀 알려주세요~

뚝불 성공 비결은 바로 간과 불 조절에 있지. 끓인 다음 간을 보고 짜면 물을 조금 더 넣고, 싱거우면 고기 재운 양념을 조금 더 넣으면 돼. 그리고 강불로 휘리릭 빠르게 끓여야 고기의 부드러움과 채소의 아삭한 식감까지 느낄 수 있어.

형! 갈아만든 배가 없어요.

내 레시피에는 갈아만든 배 음료가 많이 들어가. 실제 배는 단가가 비싸고, 껍질 깎아서 갈아 넣는 것까지 하면 요리가 너무 복잡해져. 쉽고 간단한 요리 과정을 강조하는 내 요리철학과 맞지 않지. 갈아만든 배 음료는 남으면 보관도 편하고 집 근처 편의점만 가도 쉽게 구할 수 있는 재료이니까 반드시 준비해 줘.

1 당면은 미지근한 물에 2시간 정도 불린다.

2 대파와 표고버섯은 얇게 썰고, 양파와 당근은 채 썬다.

3 팽이버섯은 밑동을 잘라내고 손으로 찢는다.

4 볼에 불린 당면, 소고기, 대파, 표고버섯, 양파, 당근, 팽이버섯과 양념 재료를 모두 넣고 잘 버무린다.

5 뚝배기에 1인분 분량의 버무린 소불고기, 고기 재운 양념 2숟가락, 물 80㎖를 넣고 모든 재료가 익을 때까지 강불에서 끓이면 완성!

RECIPE 28

순살바비큐치킨

잼민아, 그 유명한 치킨 브랜드의 맛을 집에서도 충분히 만들 수 있다면 한 번쯤은 도전해 볼 만하지 않니? 따끈따끈한 흰쌀밥과 먹을 때 환상의 궁합을 자랑하는 바비큐치킨 레시피를 알려줄게. 와이프가 이 치킨을 먹더니 우리 치킨집 차리자고 하더라고. 너무 쉬워서 도전 욕구가 뿜뿜 솟아오를 거야.

재료(2인분)

닭다리살 600g
떡 150g
물 1ℓ
베이킹소다 1숟가락
녹차티백 2개
참깨 1숟가락

소스

청양고추 2개
고추장 2숟가락
다진 마늘 3숟가락
물엿 4숟가락
설탕 3숟가락
진간장 4숟가락
고춧가루 2숟가락
맛술 2숟가락
굴소스 1숟가락
케첩 2숟가락
소고기 다시다 1숟가락
순후추 1/3숟가락

뚝딱이형에게 배우는 요리 노하우

형! 녹차를 태운다고요?

녹찻잎을 약불에서 살짝 태우면 그 향이 닭고기에 베어 바비큐 숯불향과 비슷해져. 이 레시피의 키포인트인 불향을 가정에서도 쉽고 간단하게 낼 수 있는 방법이란다.

형! 왜 베이킹소다에 닭을 재우나요?

이렇게 닭을 재우면 살이 연해져 더욱 부드러운 순살치킨을 만들 수 있어. 닭고기 뿐만 아니라 소고기, 돼지고기 등 다른 고기를 연육 할 때 흔히 사용하는 꿀팁이니 기억해 둬.

형! 소스를 넉넉히 해서 흰쌀밥과 꼭 비벼 먹고 싶어요.

오늘 소개하는 레시피는 소스를 넉넉히 해서 밥과 함께 비벼 먹고 싶을 때 적합한 양이야. 만약 밥을 비벼 먹지 않는다면 적혀있는 양념의 양 그대로 닭을 800g까지 넣어도 돼. 따뜻한 흰쌀밥 한 공기에 참기름 반 숟가락과 김가루, 깨를 취향껏 뿌려 치킨소스와 함께 비벼 먹으면 꿀맛 치밥이 완성된단다!

1 물에 베이킹소다를 넣어 잘 풀고 닭다리살을 넣어 3시간 이상 재운다.

2 청양고추는 송송 썬다.

3 냄비에 종이호일을 깔고 녹차티백을 찢어 녹찻잎만 뿌려 넣는다.

4 닭다리살을 체에 받쳐 녹찻잎 위에 얹고 뚜껑을 덮어 약불에서 10분 정도 녹찻잎을 태운다.

5 볼에 숯불향을 입힌 닭다리살과 떡, 소스 재료를 모두 넣고 잘 버무린 뒤 밀봉하여 1시간 동안 냉장고에서 재운다.

6 달군 팬에 재워둔 재료를 넣고 떡이 눌어붙지 않게 섞어가며 닭이 완전히 익을 때까지 중불에서 볶는다.

토치가 있다면 닭의 겉면을 살짝씩만 그을려 불맛을 한 번 더 입혀도 좋아.

7 마지막으로 깨를 뿌리면 완성!

RECIPE 29

꼬막무침

꼬막을 풍족하게 넣은 꼬막비빔밥을 입안 가득 먹고 싶어서 만들어봤어. 자숙꼬막살을 구해서 만들면 생각보다 간단하게 꼬막무침을 만들 수 있을 거야. 밖에서 사 먹는 꼬막비빔밥 속 꼬막 양이 아쉬울 때, 꼬막비빔밥 유명 맛집 웨이팅 하기 싫을 때 이 레시피로 한번 도전해 보길 바라.

재료(4인분)

자숙꼬막 500g
부추 120g
쪽파 150g
청양고추 1개
참깨 1/2숟가락
참기름 1/2숟가락

양념장

진간장 100㎖
미림 80㎖
고춧가루 40g
다진 마늘 2숟가락
매실액 3숟가락
참깨 2숟가락
참기름 2숟가락

뚝딱이형에게 배우는 요리 노하우

형! 냉동 꼬막살을 사용해도 되나요?

냉동 자숙 꼬막살을 쓸 땐 비린내를 확실히 빼야 해. 해동해서 끓는 물에 맛술 조금을 넣고 1분 정도 살짝 데쳐. 찬물로 깔끔하게 씻고 물기를 빼서 사용하면 돼. 냉장은 물에 살짝 씻어 바로 사용하면 된단다.

형! 완성된 꼬막무침 맛있게 먹는 법 알려주세요!

꼬막무침은 꼬막비빔밥으로 해 먹을 때 가장 맛있지! 따끈한 밥에 꼬막무침과 김가루를 넉넉히 넣고 쓱쓱 비벼 먹으면 정말 맛있어!

형! 저는 꼬막 싫은데요!

가리비살로 무쳐 먹어도 깔끔하니 참 맛있더라고. 꼬막 싫어하는 사람들은 가리비살로 해도 돼.

형! 우리 집에는 매실액이 없어요!

매실액이 없으면 설탕 2숟가락으로 대체해도 돼. 내 레시피에는 매실액이 다양한 요리에 쓰이는데 하나 사두면 깊은 단맛을 위한 용도로 유용하게 쓰일 거야.

1 부추는 2cm 길이로, 쪽파는 송송 썰고, 청양고추는 잘게 다진다.

2 끓는 물에 냉동 자숙꼬막과 맛술 1숟가락을 넣고 1분만 살짝 데친 뒤, 찬물로 씻어 체에 받쳐 둔다.

이 과정에서 알코올 성분이 완전히 날아간단다.

3 팬에 간장, 미림, 고춧가루, 다진 마늘을 넣고 약불에서 1분간 끓인다.

4 불을 끄고 매실액, 깨, 참기름을 넣고 섞어 양념장을 만든다.

5 볼에 완성된 양념장, 꼬막, 쪽파, 부추, 청양고추를 넣고 잘 섞는다.

6 마지막으로 참기름과 깨를 뿌리면 완성!

RECIPE 30

닭개장

닭개장으로 이름을 날린 맛집 레시피를 특별히 알려줄게. 맛있는 데는 다 이유가 있는 법이지. 정성이 듬뿍 들어간 만큼 몇 배는 더 맛있어질 거야. 차원이 다른 깊은 국물 맛에 반하는 것은 물론, 물에 빠진 닭은 튀긴 닭보다 맛이 덜하다는 편견도 날려버리게 될 거야.

재료(3인분)

- 통닭 1.2kg
- 무 200g
- 삶은 토란대 300g
- 숙주 150g
- 청양고추 2개
- 대파 2대
- 물 3ℓ
- 소주 1/2컵(90㎖)
- 생강 4g
- 고춧가루 6숟가락
- 다진 마늘 2숟가락
- 식용유 4숟가락
- 국간장 3숟가락
- 멸치액젓 3숟가락
- 순후추 1/5숟가락
- 소고기 다시다 1/2숟가락

뚝딱이형에게 배우는 요리 노하우

형! 닭껍질을 갈아서 넣어요?

닭껍질에는 지방의 고소한 맛이 모여 있어. 껍질을 그대로 넣고 끓이면 고소한 지방의 풍미가 국물 전체에 퍼지지 않을 뿐만 아니라 특유의 식감으로 호불호가 갈리지. 갈아서 사용하면 닭껍질의 고소한 풍미가 국물 전체에 퍼져 더욱 깊은 국물 맛을 낼 수 있단다.

형! 소주와 생강은 왜 넣나요? 취하면 어떡해요.

그런 걱정은 하지 마. 어차피 팔팔 끓이기에 알코올 성분은 날아가고도 남는단다. 소주와 생강은 닭 비린내를 잡기 위해서 반드시 넣어야 하는 필수 재료야.

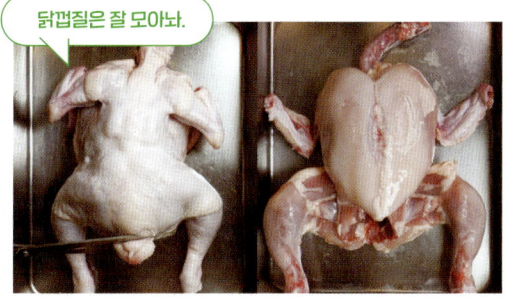

닭껍질은 잘 모아놔.

1 닭의 양쪽 날개 끝과 튀어나온 꽁지를 가위로 잘라 손질한 뒤, 손으로 닭의 껍질을 벗겨낸다.

육수가 반으로 줄어들 때까지 삶아줘.

2 냄비에 물과 닭을 넣고 강불로 50분간 삶는다.

닭 삶은 물은 버리면 안 돼.

3 삶은 닭은 뼈를 발라내고 살을 얇게 찢는다.

4 무는 1cm 두께 네모로, 청양고추는 송송, 대파는 반으로 갈라 5cm 길이로, 토란대는 4cm 길이로 썬다.

5 믹서에 닭껍질, 소주, 생강을 넣고 곱게 갈아 닭껍질베이스를 만든다.

6 팬에 닭껍질베이스, 대파, 식용유, 고춧가루, 다진 마늘을 넣고 대파가 흐물거릴 때까지 약불로 볶아 대파 양념을 만든다.

7 냄비에 닭 삶은 육수, 찢은 닭고기, 무, 토란대, 대파 양념, 국간장, 멸치액젓을 넣고 강불로 20분간 끓인다.

다시다는 취향껏 넣으면 돼.

8 숙주, 청양고추, 후추, 다시다를 넣고 섞은 뒤 강불로 5분간 더 끓이면 완성!

PART 2

초보가 요리 잘하는
척하기 딱 좋은
뚝딱 레시피

요리 못한다고 언제까지 배달 음식만 시켜 먹을 거야? 어렵게 생각할 필요가 전혀 없어. 하고자 하는 마음만 있다면 누구나 실패 없이 뚝딱 만들 수 있단다. 내가 정말 너무 안타까운 마음에 초보도 쉽고 간단하게 요리 잘하는 척할 수 있는 그럴듯한 레시피만 골라 알려줄게. 이제 남녀노소 불문하고 요리는 필수인 시대야. 같이 해보자, 뚝딱!

RECIPE 31

동태찌개

요리 초보자가 기피하는 1순위는 바로 생선 요리야. 생선을 손질하기도, 비린내를 없애기도 힘들어서 쉽사리 도전을 못 하더라고. 그래서 초보자도 쉽고 간단하게 비린내 없이 얼큰하고 시원한 동태찌개를 만들 수 있는 레시피를 알려줄게. 요리 이름만 들으면 어려워 보이지만 막상 해보면 별거 없는 요리라는 걸 알게 될 거야.

재료(3인분)

동태 2마리
명태알 150g(취향껏)
곤이 50g(취향껏)
물 1.5ℓ
멸치(육수용) 10마리
다시마 3조각(3g)
무 200g
콩나물 200g
대파 1대
청양고추 2개
홍고추 2개
쑥갓 한 줌
두부 1/2모
맛술 1숟가락
순후추 1/3숟가락

양념
고춧가루 6숟가락
멸치액젓 4숟가락
재래식 된장 2숟가락
국간장 2숟가락
다진 마늘 1숟가락

뚝딱이형에게 배우는 요리 노하우

형! 동태 머리는 왜 버리나요?

동태 머리를 제대로 손질하지 않고 넣으면 전체적으로 비린내가 나서 맛있고 깔끔한 동태찌개를 만들 수 없어. 사실 동태 머리를 비린내가 나지 않도록 손질하는 것은 어려운 일이니 초보자거나 생선 비린내에 민감하다면 과감히 버리렴.

형! 맛술도 비린내 제거용이겠네요?

역시 우리 잼민이 똑똑하구나. 양념에 맛술을 미리 넣고 섞으면 잡내가 제거되기 전에 알코올 성분이 날아가 버린단다. 그래서 명태알, 곤이와 함께 넣는 거야.

형! 국물이 왜 이렇게 짜요?

국물 간이 다소 강해야 동태의 속까지 간이 배어 더욱 맛있게 만들 수 있어. 마지막에 국물을 덜어내고 물을 넣어 적절한 간을 맞춰줄 거니까 걱정할 필요 없단다.

> 요리 초보자라면 동태 머리는 과감히 버려!

1 깨끗하게 씻은 동태의 알을 분리하고 지느러미는 가위로 깔끔하게 제거한다.

2 무와 두부는 한입 크기로, 대파, 홍고추, 청양고추는 송송 썬다. 쑥갓은 밑동을 잘라낸다.

3 물에 다시마, 멸치를 넣고 끓이다가 물이 끓기 시작하면 다시마는 건져낸다. 물이 1ℓ가 될 때까지 강불에서 끓인다.

> 동태가 완전히 잠기도록 물이 넉넉해야 해.

4 국물이 끓으면 무, 손질한 동태, 양념 재료를 모두 넣고 10분간 끓인다.

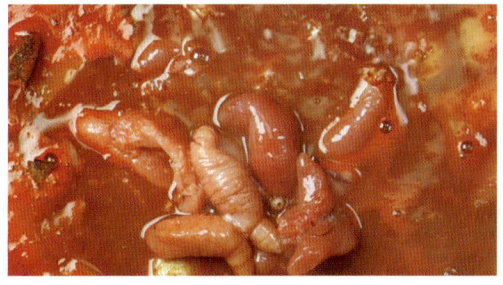

5 명태알과 곤이, 맛술을 넣고 5분 더 끓인다. 국물을 4~5국자 정도 덜어낸 뒤, 물을 조금씩 추가하며 간을 맞춘다.

6 국물이 다시 끓으면 콩나물, 대파, 청양고추, 홍고추, 두부를 올리고 끓인다.

7 쑥갓을 넣고 숨이 살짝 죽으면 마지막으로 후추를 톡톡 뿌려 완성!

RECIPE 32

통삼겹김치찜

김치요리 중 가장 간단하면서도 맛있는 통삼겹김치찜 레시피를 알려줄게. 군침 싹 도는 비주얼은 물론이고, 삼겹살과 김치만 준비되면 집에 있는 양념만으로도 충분히 맛있는 김치찜을 만들 수 있어. 집에서도 캠핑에서도 모두의 시선을 한 번에 집중시킬 수 있을 거야.

재료(4인분)

통삼겹 500g
김치 1/4포기(600g)
대파 1대
청양고추 2개
양파 1/2개
두부 1모
통후추 조금
소고기 다시다 1숟가락
참깨 1숟가락

양념

된장 1숟가락
국간장 2숟가락
김칫국물 2숟가락
다진 마늘 1숟가락
고춧가루 2숟가락
물엿 2숟가락
물 3컵(540㎖)

뚝딱이형에게 배우는 요리 노하우

형! 찜인데 삼겹살을 굽는 이유는 뭔가요?

고기가 타지 않을 정도로 강불로 빠르게 고기 겉면을 시어링 한 뒤 조리하면 마이야르 반응으로 고기의 풍미를 극대화할 수 있지. 노릇하고 바삭하게 구울수록 국물의 풍미가 깊어지고, 고기에 양념도 더 잘 밴단다.

형! 잼민이 집에는 올리고당이 없어요!

올리고당이 없으면 설탕 2숟가락을 대신 사용해도 돼.

1 대파와 청양고추는 송송, 양파는 채 썰고, 두부는 한입 크기로 자른다.

후추맛이 싫으면 나중에 뿌려도 괜찮아.

2 통삼겹에 후추를 갈아 밑간하고 중불에서 겉면을 바삭하게 굽는다.

3 삼겹살에서 나온 기름에 김치를 튀기듯 굽는다.

4 김치가 노릇해지면 양념 재료를 모두 넣고 잘 푼 뒤, 뒤집어가며 약불에서 30분 이상 조린다.

다시다는 취향껏 넣으면 돼.

5 국물이 반 정도 줄어들면 대파, 청양고추, 양파, 두부와 다시다를 넣고 끓인다.

6 김치를 세로로 길게 찢은 뒤 10분간 더 끓여 조린다.

7 마지막으로 깨를 뿌리면 완성!

RECIPE 33
돼지고기짜글이

재료(3인분)

돼지고기(앞다리살) 500g
물 2ℓ
다시마 3조각(3g)
멸치(육수용) 10마리
감자 2개
양파 1/2개
애호박 1/2개
두부 1모
대파 2대
청양고추 1개
식용유 2숟가락
진간장 3숟가락
된장 1숟가락
고추장 2숟가락
고춧가루 2숟가락
다진 마늘 1숟가락
멸치 다시다 1/2숟가락

고기양념

맛술 2숟가락
다진 생강 1/3숟가락
다진 마늘 2숟가락
소금 한 꼬집
순후추 조금

짜글이는 돼지고기와 채소를 넣어 만드는 충청도 음식으로, 자박자박하게 끓여 밥에 쓱쓱 비벼 먹기 딱 좋은 찌개야. 우리가 흔히 먹는 고추장찌개를 짜글이로 변형한 레시피를 소개할게. 고추장찌개와 돼지고기짜글이를 동시에 느낄 수 있는 요리가 될 거야. 취사병 시절, 사단장에게 포상 휴가를 받았던 전설의 짜글이 레시피란다.

뚝딱이형에게 배우는 요리 노하우

형! 돼지고기는 어떤 부위를 써야 하나요?

찌개에는 보통 목살이나 앞다리살을 많이 사용하는데, 기름기 있는 맛을 좋아한다면 얇게 썬 찌개용 삼겹살을 사용해도 상관없어. 짜글이에는 돼지고기가 많이 들어가기에 부위보다는 채소나 다른 재료로 잡냄새를 잡는 것이 더 중요해.

형! 감자는 왜 두 가지 크기로 썰어요?

작게 썬 감자는 전분을 빨리 빼서 짜글이만의 걸쭉한 국물 농도를 만들려고, 크게 썬 감자는 포슬포슬한 건더기로 즐기기 위해서지!

형! 우리 집에 생강이 없대요!

생강이 없으면 대신 맛술을 1숟가락 더 넣으렴.

1. 한입 크기로 자른 돼지고기에 고기양념 재료를 넣고 잘 버무린 뒤 냉장고에서 30분간 재운다.

> 고기야, 잘 자.

2. 물에 다시마, 멸치를 넣고 끓여 물이 끓기 시작하면 다시마는 먼저 건져낸다. 물이 반으로 줄어들 때까지 강불에서 끓인다.

3. 감자 1개는 큼직하게 깍둑 썰고, 나머지 1개는 작게 썬다. 대파는 흰 대와 초록 잎을 나눠 송송 썬다.

4. 애호박은 반달로, 양파는 깍둑, 청양고추는 송송, 두부는 한입 크기로 썬다.

5. 냄비에 식용유와 대파 흰 대를 넣고 약불에서 볶아 파기름을 만든 뒤, 재워둔 고기를 넣고 겉면이 익을 때까지 볶는다.

> 타지 않게 조심해.

6. 간장, 된장, 고추장을 넣고 타지 않게 섞어가며 볶다가 고춧가루를 넣고 살짝 더 볶는다.

> 다시다는 취향껏 넣으면 돼.

7. 멸치육수를 부은 뒤, 감자를 넣고 20분간 강불에서 끓이다 끓어오르면 양파, 애호박, 두부, 다진 마늘, 멸치 다시다를 넣는다.

8. 국물이 자박해지면 마지막으로 청양고추와 대파 잎을 넣고 한 번 섞으면 완성!

RECIPE 34

다시마보쌈

세상에 수많은 수육 레시피가 존재하지만, 오늘 소개하는 다시마보쌈은 '감칠맛의 끝판왕'이라고 할 수 있지. 실제 고급 한정식집에서 사용하는 비법으로, 다시마의 감칠맛을 그대로 고기에서 느낄 수 있을 거야.

재료(3인분)

통삼겹살 600g
다시마 2장
생강 슬라이스 6개
소금 1/2숟가락
통후추 1/3숟가락
알배추 200g
무 200g
대파(흰 대) 1대
올리고당 5숟가락

보쌈김치 양념

고춧가루 8숟가락
멸치액젓 4숟가락
미림 4숟가락
설탕 2숟가락
다진 마늘 1숟가락
맛소금 1/3숟가락

뚝딱이형에게 배우는 요리 노하우

형! 왜 올리고당에 무를 절여서 사용하나요?

채 썬 무를 그대로 보쌈김치에 넣으면 무에서 물이 나와 양념이 싱거워지고 질퍽한 김치가 돼버려. 올리고당으로 1시간 동안 무를 절이면 무에서 물이 빠져나와 꼬들한 식감도 주고 무에 은은한 단맛도 밴다. 올리고당이 없다면 물엿을 넣어. 간혹 설탕이나 꿀을 사용해도 되냐는 질문이 있는데, 무를 절일 때 올리고당 대신 사용할 수 있는 재료는 물엿밖에 없다는 사실을 기억하렴!

형! 왜 생강 슬라이스와 함께 수육을 삶나요?

다시마의 비린 맛을 싹 잡아주기 위함이란다. 그래서 반드시 생강 슬라이스를 깔고 그 위에 보쌈을 올려 삶아야 돼. 물 넣겠다고 자꾸 뚜껑을 열면 생강 향이 날아가니까 최대한 열지 않는 게 좋아.

형! 냉동 돼지고기도 되나요?

냉동도 가능해. 냉장실에서 하루 이상 자연해동 한 뒤 사용하렴.

1 다시마는 물에 5분간 불린다.

숙성하면 좋고 그냥 먹어도 맛있어.

2 다시마 2장을 겹쳐두고 그 위에 통삼겹살을 올린 뒤, 소금과 후추를 갈아 뿌려 밑간을 하고 돌돌 말아 냉장고에서 24시간 숙성시킨다.

3 생강을 찜기 바닥에 깔고 숙성한 삼겹살을 찜기에 들어갈 크기로 잘라 올린다. 뚜껑을 덮고 중불에서 1시간 동안 부족한 물을 보충해가며 삶는다.

4 알배추는 한입 크기로, 무는 도톰하게 채 썰고, 대파 흰 대는 반으로 가른 뒤 송송 썬다.

5 볼에 채 썬 무와 올리고당을 넣고 버무린 뒤 1시간 동안 절인다.

6 재워둔 무는 헹구지 말고 손으로 물기를 꽉 짠다.

7 볼에 알배추, 무, 대파, 보쌈김치 양념 재료를 모두 넣고 버무려 보쌈김치를 만든다.

8 수육을 한입 크기로 얇게 썰어 보쌈김치를 곁들이면 완성!

RECIPE 35
매운등뼈찜

재료(3인분)

돼지등뼈 2kg
떡 10개
불린 당면 취향껏
양파 1개
대파 1대
청양고추 2개
참깨 조금

등뼈삶기
소주 1컵(180㎖)
통후추 1숟가락
월계수잎 4장
생강 20g

양념
고춧가루 50g
진간장 100㎖
맛술 1/2컵(90㎖)
설탕 3숟가락
고추장 2숟가락
재래식 된장 1/2숟가락
다진 마늘 2숟가락
순후추 1/2숟가락
소고기 다시다 1숟가락
물 1ℓ

잼민아! 내가 오늘 저녁 메뉴 추천해 줄까? 바로 매콤칼칼해서 자꾸 손이 가는 매운등뼈찜이야. 사 먹는 것보다 훨씬 저렴하고 맛있게 해 먹을 수 있단다. 요즘처럼 주머니 사정 어려운 때에 정말 딱인 레시피야. 시간은 오래 걸려도 양념을 한꺼번에 넣는 레시피라 진짜 간단하단다. 맛보장 레시피라고 장담할게!

뚝딱이형에게 배우는 요리 노하우

형! 2시간이나 끓이다니 너무 번거로운데요?

2시간 이상 푹 끓여 양파의 은은한 단맛이 고기에 배게 하는 것이 목적이야. 그래야 감칠맛을 끌어올릴 수 있단다.

형! 후식 볶음밥은 없나요?

남은 양념을 보고 볶음밥이 떠오른다면 진정한 한국인이지. 볶음밥을 먹고 싶다면 양념을 한 국자 정도 남기고 밥과 참기름, 김가루 등을 넣어 볶아 먹으면 돼.

형! 저는 고구마, 감자도 넣고 싶어요!

그럴 때는 등뼈를 먼저 익혀서 건져내고 남은 양념에 고구마와 감자를 넣어서 속까지 잘 익어 양념이 밸 때까지 끓이면 돼!

1 돼지등뼈를 찬물에 1시간 정도 담가 핏물을 뺀 뒤, 흐르는 물에 깨끗이 씻는다.

2 냄비에 등뼈와 삶기 재료를 모두 넣고 등뼈가 잠길 정도로 물을 부은 뒤, 강불에서 끓인다. 물이 끓기 시작하면 30분간 삶는다.

3 삶은 등뼈는 깨끗하게 씻어 남아있는 불순물을 모두 제거한다.

4 양파는 채 썰고, 대파와 청양고추는 송송 썬다.

5 냄비에 삶은 등뼈와 양파, 양념 재료를 모두 넣고 강불로 끓인다.

등뼈에 양념이 고르게 밸 수 있도록 중간중간 뒤집어줘.

6 물이 끓기 시작하면 뚜껑을 덮고 약불에서 2시간 동안 끓인다.

7 등뼈를 건져낸 후 남은 양념에 떡, 당면, 대파, 청양고추를 넣고 모두 익을 때까지 끓인다.

8 접시에 등뼈, 떡, 당면을 쌓아 올리고, 남아있는 양념을 모두 부은 뒤, 깨를 솔솔 뿌리면 완성!

RECIPE 36
등뼈칼국수

등뼈칼국수는 돼지등뼈로 만들 수 있는 가장 맛있는 음식 중 하나라고 할 수 있지. 저렴한 등뼈로 만들지만 맛은 정말 놀라운 레시피야. 내 손으로 직접 해 먹는 만큼 고기 양도 넉넉히, 토핑도 취향에 따라 푸짐하게 올려 먹으면 밖에서 사 먹는 맛 이상의 근사한 요리가 될 거야.

재료(3인분)

돼지등뼈 3kg
시판 사골육수 1ℓ
멸치액젓 3숟가락
국간장 2숟가락

등뼈육수
물 3ℓ
된장 1.5숟가락
마늘 10알
양파 1개
청양고추 3개
베트남고추 10개
통후추 1숟가락

면과 토핑(1인분)
칼국수면 1인분
대파 1/3대
부추 20g
계란 1개
김가루 1숟가락

뚝딱이형에게 배우는 요리 노하우

형! 등뼈칼국수 간 맞추는 꿀팁 좀 알려주세요.

등뼈 삶은 물과 시판 사골육수의 염도가 다 다르니 간을 봐가며 멸치액젓과 국간장의 양을 조절해야 돼. 그래야 딱 알맞은 간의 육수를 만들 수 있어!

형! 저는 국밥이 더 좋은데요!

우리 잼민이 입맛이 아재 입맛 다 되었구나. 칼국수 대신 밥을 넣어 국밥으로 즐겨도 충분히 좋단다. 얼큰하게 먹고 싶다면 청양고추를 팍팍 넣어줘.

형! 웬일로 빨간 국물이 아니네요?

사실 오늘은 잼민이 몰래 베트남고추를 다시팩에 넣고 육수를 우려 느슨해진 기강을 바로 잡았단다. 국물 한번 마시면 깊은 고기국물 베이스에 칼칼한 맛이 탁 치고 올라와 왜 어른들이 뜨거운 국물 먹고 시원하다고 하는지 알게 될 거야.

1 돼지등뼈를 찬물에 1시간 정도 담가 핏물을 뺀 뒤, 흐르는 물에 깨끗이 씻는다.

2 대파는 송송, 부추는 3cm 길이로 썬다. 계란은 지단을 부쳐 일정한 크기로 채 썬다.

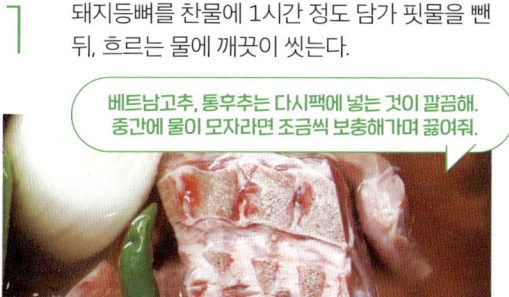

> 베트남고추, 통후추는 다시팩에 넣는 것이 깔끔해. 중간에 물이 모자라면 조금씩 보충해가며 끓여줘.

3 냄비에 돼지등뼈와 육수 재료를 넣고 1/3로 줄어들 때까지 중불에서 2시간 동안 끓여 1ℓ의 육수를 만든다.

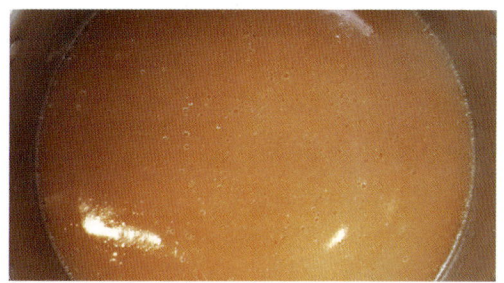

4 삶은 등뼈를 모두 건져낸 뒤, 등뼈 삶은 물을 체에 걸러 건더기 없이 육수만 남긴다. 육수 위에 생긴 기름층도 국자로 살살 걷어낸다.

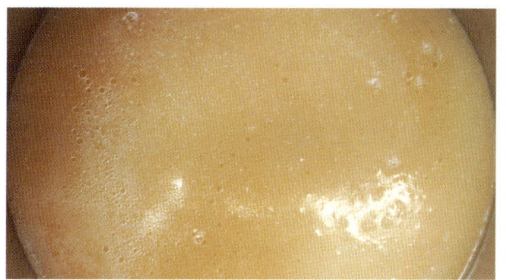

5 등뼈육수 1ℓ에 사골육수 1ℓ를 섞고 멸치액젓, 국간장으로 간을 보며 끓인다.

6 다른 냄비에 칼국수면을 삶아 건진다.

7 그릇에 등뼈, 칼국수면, 육수를 담고 대파, 부추, 계란지단, 김가루를 올리면 완성!

RECIPE 37

꽁치김치찜

생선요리를 도전해 보고 싶은데 막상 생선 손질이 귀찮다고? 생선 눈 마주치기도 무섭다고? 그럼 지금 소개하는 꽁치김치찜을 해보길 바라. 내가 장담하는데 요리 초보자도 성공확률 100%! 초간단 생선요리라고 불릴 만큼 현존하는 생선요리 중 가장 쉽고 간단하게 만들 수 있을 거야.

재료(2인분)

김치 450g
꽁치통조림 1캔(400g)
양파 80g
대파(흰 대) 1대
청양고추 2개
홍고추 2개
들기름 3숟가락
고춧가루 2숟가락
순후추 1/3숟가락

양념

된장 1숟가락
다진 마늘 1숟가락
맛술 4숟가락

뚝딱이형에게 배우는 요리 노하우

형! 김치는 어떤 김치를 사용하면 맛있나요?

익은 김치나 묵은지를 넣어야 더욱 깊은 국물 맛을 낼 수 있어. 가정마다 김치의 염도나 산도가 모두 다르니까 국물 간을 봐서 시게 느껴지면 설탕 1숟가락을 넣어 신맛을 잡으면 돼.

형! 꽁치김치찜 성공 꿀팁 좀 알려주세요.

꽁치김치찜의 핵심은 '꽁치를 넣고 너무 오래 끓이지 않기'라고 할 수 있지. 꽁치캔은 이미 익혀서 나온 제품일 뿐만 아니라 생선 살이 연해서 오래 끓이면 꽁치 살이 모두 으스러지기 때문에 강불에서 딱 3분만 끓여도 충분해.

형! 통조림 국물은 버리는 거 아닌가요?

나는 감칠맛 있는 꽁치통조림 국물을 다 버리기가 아깝더라고. 나처럼 적당량 넣으면 감칠맛을 올릴 수 있어. 아 그렇다고 비린 맛 걱정하지는 마. 꽁치통조림은 생물 꽁치보다 비린 맛이 훨씬 덜한 데다, 된장이 남아있는 비린 맛을 잡아주는 역할을 톡톡히 해낼 거야.

형! 저는 고등어가 더 좋아요!

그럼 잼민이는 꽁치캔 대신 고등어캔을 넣으렴. 김치찜은 고등어하고도 잘 어울려.

김치 심지도 있으면 얇게 썰어.

1 김치는 먹기 좋은 크기로 썬다.

2 양파는 얇게 채 썰고, 대파, 청양고추, 홍고추는 송송 썬다.

3 팬에 들기름을 두르고 김치와 고춧가루를 넣어 약불에서 천천히 볶는다.

4 볶은 김치에 물과 통조림 국물을 100㎖씩 붓고 양념 재료를 넣어 중불에서 10분간 끓인다.

5 양파와 꽁치를 넣고 3분 더 끓인다.

6 마지막으로 대파, 청양고추, 홍고추를 넣고 후추를 뿌려 한 번 섞으면 완성!

RECIPE 38

삼겹살간장조림

통삼겹살에 간장과 향신료를 넣고 조려 만드는 중식, 동파육을 야매 버전으로 준비했어. 조리시간이 다소 길지만 이 또한 대부분 끓이는 시간이기에 요리 초보자도 충분히 성공할 수 있는 요리야. 실제 나의 구독자님들도 이 레시피대로 직접 해 드시고 '입에서 살살 녹는다' 라는 극찬을 해주신 거면 맛은 이미 증명된 거겠지?

재료 (5인분)

통오겹살 1.2kg
양파 1개
마늘 10알
생강 20g
대파 1대
청경채 취향껏
식용유 4숟가락
소금 1/2숟가락

양념
물 3컵(540㎖)
진간장 1컵(180㎖)
맛술 1컵(180㎖)
물엿 120g
흑설탕 100g
춘장 2숟가락
통후추 1숟가락
팔각 6개

뚝딱이형에게 배우는 요리 노하우

형! 고기 구울 때 다 안 익혀도 괜찮은가요?

어차피 소스를 넣고 오래 조리는 요리야. 구울 때는 겉면이 마이야르 반응으로 노릇해진 걸로 충분해!

형! 춘장은 왜 넣나요?

춘장은 야매 동파육의 감칠맛과 색을 동시에 잡아주는 핵심 재료라고 할 수 있어. 특히 시판용 춘장에는 MSG가 가미되어 입에 착 붙는 감칠맛을 더해준단다. 캐러멜색소도 들어있어 색을 잡아주기에도 딱 좋은 재료야. 흑설탕도 같은 역할을 한단다.

형! 저는 오겹살 별로인데요?

이 요리는 돼지껍질이 묘미인데 그걸 포기하겠다니! 우리 잼민이 참 까다롭구나. 껍질 부분을 안 좋아한다면 삼겹살, 목살 등의 부위를 사용하렴.

형! 팔각인지 칠각인지 집에 없는데요?

팔각을 빼면 장조림처럼 돼서 이 요리의 특색을 살릴 수가 없어. 팔각이 동파육의 풍미를 책임진다고 할 수 있지. 필수 재료이니 꼭 넣어줘.

1 통오겹살을 직사각형 모양으로 자른 뒤, 비계 부분에 십자 모양으로 칼집을 낸다.

2 달군 팬에 식용유를 두르고 비계 쪽부터 먼저 구운 다음 모든 면이 노릇해지도록 중불에서 충분히 굽는다.

3 구운 통오겹살에 양파, 마늘, 생강, 대파와 모든 양념 재료를 넣고 잘 풀어 끓인다.

4 양념이 끓어오르면 뚜껑을 덮고 약불에서 1시간 동안 조린다.

5 삼겹살을 한 번 뒤집고 뚜껑을 덮은 채로 40분 더 조린다.

6 끓는 물에 소금을 넣고 청경채를 딱 30초만 데친 뒤 삼겹살과 함께 곁들이면 완성!

RECIPE 39

간장두부조림

고급 한정식집에서 먹는 간장두부조림 그대로 만드는 방법을 알려줄게. 한번 먹으면 지금까지 먹어봤던 두부조림과는 차원이 다른 고급스러운 맛에 반하게 될 거야. 색다른 방법으로 두부조림을 만들어보고 싶을 때 또는 손님 대접용 반찬으로 추천하는 레시피야.

재료(2인분)

두부(부침용) 1모(200g)
김(김밥용) 2장
감자전분 1컵
식용유 적당량
참깨 조금

조림양념

물 5숟가락
진간장 3숟가락
물엿 3숟가락
굴소스 1숟가락
맛술 1숟가락
다진 마늘 1숟가락

뚝딱이형에게 배우는 요리 노하우

형! 어떤 김을 사용해야 예쁘게 만들 수 있나요?

아주 좋은 질문이야. 김밥용 김 같은 두꺼운 김을 사용해야 모양을 유지하며 예쁘게 만들 수 있어.

형! 간장두부조림 성공 꿀팁이 있다면서요?

노릇하게 튀겨낸 두부는 공기가 잘 통하도록 튀김망 위에서 기름을 빼야 양념을 만드는 동안 바삭하게 유지돼. 튀긴 두부를 조릴 때는 양념이 타지 않고 고르게 배도록 자주 뒤집어 주고.

형! 왜 밀가루가 아니고 전분을 쓰나요?

전분을 묻혀 두부를 튀긴 뒤 소스에 조리면 겉은 바삭하고 속은 쫀득쫀득한 식감의 두부조림을 만들 수 있어.

1 두부는 표면의 물기를 닦고 납작하게 8등분으로 썬다.

한 바퀴 정도 말아줘.

2 두부의 크기에 맞게 김밥용 김을 잘라 돌돌 만다.

3 김으로 감싼 두부의 모든 면에 감자전분을 골고루 묻힌다.

4 달군 팬에 식용유를 넉넉히 붓고 중불에서 두부를 앞뒤로 노릇하게 튀겨낸다.

5 다른 팬에 조림양념 재료를 모두 넣고 약불에서 잘 섞어가며 살짝 끓인다.

6 양념이 끓으면 튀긴 두부를 넣고 앞뒤로 뒤집어가며 조린다.

7 마지막으로 불을 끄고 깨를 뿌리면 완성!

RECIPE 40
된장짜글이

잼민아, 된장짜글이라고 들어 본 적 있니? 우리는 된장찌개를 국물이 자박한 짜글이 느낌으로 만든 요리를 된장짜글이라고 부르기로 했단다. 색다른 느낌의 된장찌개를 만들어보고 싶을 때 추천할게. 깊은 국물 맛과 각종 채소의 풍성하고 다채로운 맛의 조화를 한 번에 느낄 수 있는 요리란다.

재료(3인분)

돼지고기(찌개용 앞다리살) 300g
애호박 1/3개(100g)
양파 1개(200g)
대파 1대
청양고추 2개
홍고추 2개
부추 200g
느타리버섯 150g
두부 1모
식용유 3숟가락

양념

멸치(육수용) 10마리
건새우 10g
물 3컵(540㎖)
된장 2숟가락
재래식 된장 2숟가락
고추장 1숟가락
고춧가루 1숟가락
다진 마늘 1숟가락

뚝딱이형에게 배우는 요리 노하우

형! 멸치와 새우를 왜 전자레인지에 돌리나요?

원래는 멸치와 새우를 마른 팬에 타지 않게 볶아 남아있는 수분을 날리고 깊은 감칠맛을 극대화하는 방법이지. 빠르고 간편하게 뚝딱 만들 땐 전자레인지로 수분을 날리면 된단다. 잘 말리면 믹서에 갈기에도 좋아.

형! 짜글이에 반드시 넣어야 하는 채소가 있다면서요?

다른 채소는 몰라도 부추는 된장짜글이의 향과 풍미를 결정짓는 채소라서 반드시 넣어야 해. 봄이라면 봄을 대표하는 제철채소 냉이로 된장짜글이의 향을 더욱 잘 살릴 수 있어. 부추! 또는 냉이! 반드시 들어가야 하는 채소임을 기억해 둬.

형! 재래식 된장이 없는데요!

일반 된장과 재래식 된장을 반반 넣으면 더 맛있는데 없으면 할 수 없지. 일반 된장만 두 배로 넣어주렴.

형! 앞다리살이 없고 다른 부위만 있는데요!

짜글이찌개의 돼지고기는 앞다리살 뿐만 아니라 삼겹살, 목살, 뒷다리살 모두 가능해.

전자레인지에 사용 가능한 그릇을 사용해줘.

1 머리와 내장을 모두 떼어낸 멸치와 건새우를 전자레인지에 1분간 돌린 뒤, 믹서에 넣고 곱게 갈아 가루를 만든다.

2 애호박, 양파는 한입 크기로, 대파는 어슷하게 썬다.

3 두부는 한입 크기로, 부추는 5cm 길이로, 청양고추와 홍고추는 송송 썬다.

4 느타리버섯은 밑동을 잘라내고 손으로 찢는다.

5 달군 냄비에 식용유를 두른 뒤 돼지고기를 넣고 겉면이 노릇해질 때까지 중불에서 볶는다.

6 양념 재료를 모두 넣고 잘 풀어 강불로 끓인다.

7 국물이 끓기 시작하면 두부와 채소를 모두 넣고 익을 때까지 끓이면 완성!

RECIPE 41
두부두루치기

두부로 만들 수 있는 요리의 한계는 과연 어디까지일까? 한식에서 두부는 참 고마운 식재료인 것 같아. 돼지고기와 김치가 주재료인 일반 두루치기와는 다르게 고소한 두부가 주인공인 경상도식 두루치기를 소개할게.

재료(3인분)

두부 2모(600g)
양파 1개
대파 1대
물 150㎖
식용유 조금
참깨 조금

양념장

돼지고기(다짐육) 300g
김치 150g
김칫국물 2숟가락
물 300㎖
청양고추 2개
고춧가루 5숟가락
고추장 2숟가락
진간장 3숟가락
새우젓 1.5숟가락
설탕 1숟가락
맛술 2숟가락
다진 마늘 2숟가락
미원 1/3숟가락
순후추 조금

뚝딱이형에게 배우는 요리 노하우

형! 잼민이 집에는 돼지고기가 없어요!

다진 돼지고기 대신 간편하게 통조림 참치를 사용해도 맛있단다.

형! 잼민이 집에는 새우젓도 없어요!

새우젓 대신 참치액젓, 멸치액젓 등 액젓으로 대체할 수 있어. 그래도 돼지고기엔 새우젓이지?

형! 왜 양파를 맨 밑에 깔아요?

양파를 바닥에 깔면 양파에서 서서히 나오는 수분으로 두부가 팬 바닥에 들러붙지 않는단다.

형! 구독자님들이 인생 레시피래요!

정말 쉽고 간단한데 맛까지 보장되는 레시피란다. 약불을 유지할 수 있는 인내심만 있다면 요리 초보자들이 하기에 딱이지. 나 믿고 딱 한 번만 만들어봐. 평생 써먹는 레시피가 될 거야.

1 양파는 채 썰고, 청양고추와 대파는 송송, 두부는 키친타월로 물기를 제거한 뒤 한입 크기로 썬다.

2 김치는 잘게 다진다.

3 볼에 양념장 재료를 모두 넣고 잘 섞는다.

4 냄비에 식용유를 넉넉히 두르고, 양파 - 두부 - 양념장 순서로 올린다.

5 두부에 양념이 밸 때까지 20분 정도 약불로 조린다.

6 마지막으로 대파를 올리고, 깨를 뿌리면 완성!

RECIPE 42

닭갈비

잼민아, 자고로 춘천하면 닭갈비, 닭갈비하면 춘천 아니겠니? 원조 춘천식 닭갈비 전문점에서는 사용하는 재료도 너무 많고 조리과정도 복잡해서 만들기 어렵게 느껴질 거야. 그래서 최대한 쉽고 간편하게 만들 수 있는 가정용 레시피를 준비했어. 이대로만 따라 하면 마치 춘천에 여행 온 느낌이 들 거야.

재료(2인분)

닭다리살 600g
떡 10개(200g)
양배추 200g
밤고구마 2개
청양고추 2개
깻잎 6장
대파 1대
쫄면사리 1인분(120g)
식용유 2숟가락

양념

양파 1개(150g)
고춧가루 3숟가락
설탕 2숟가락
진간장 4숟가락
고추장 2숟가락
쌈장 1숟가락
굴소스 1숟가락
다진 마늘 1숟가락
카레가루 1/3숟가락
순후추 1/3숟가락

뚝딱이형에게 배우는 요리 노하우

형! 닭갈비는 불 조절이 핵심이라던데 맞는 말인가요?

간만에 맞는 말을 하는구나, 잼민아. 닭갈비는 양념을 넣고 볶을 때 절대 약불로 해서는 안 돼! 약불로 오래 볶으면 닭과 채소에서 수분이 모두 빠져나와 국물이 많이 생기니까 반드시 중불 이상으로 유지하면서 수분을 날리며 볶는 것이 중요해.

형! 밤고구마 말고 호박고구마 넣어도 돼요?

닭갈비에는 단단한 밤고구마지. 호박고구마는 잘 뭉개져서 고구마 건져 먹는 재미가 없어.

형! 귀찮은데 양파를 꼭 갈아야 하나요?

잼민아, 너 혹시 닭갈비 맛집의 촉촉하고 부드러운 식감의 비결이 바로 물 대신 양파즙을 넣어 만든 비법양념이라는 걸 알고 있니? 강판에 갈아도 되고, 잼민이 팔 아프면 믹서에 갈아도 돼.

1 양배추는 먹기 좋은 크기로, 밤고구마는 0.5cm 두께로 썬다. 청양고추는 얇게 썰고, 깻잎은 돌돌 말아 채 썰고, 대파는 송송 썬다.

2 닭다리살은 먹기 좋은 크기로 큼직하게 썬다.

3 양파는 강판에 갈아 양파즙을 만든다.

4 큰 볼에 양파즙, 닭다리살, 떡, 모든 양념 재료를 넣은 뒤 잘 버무려 잠시 재워둔다.

5 팬에 식용유를 두르고 대파 - 양배추 - 고구마 - 재워둔 닭갈비 순서로 올린 뒤, 강불에서 타지 않게 잘 섞어가며 볶는다.

쫄면이 붙어 있으면 손으로 풀어서 넣어줘.

6 닭과 채소가 모두 익으면 청양고추, 깻잎, 쫄면사리를 넣고 쫄면이 익을 때까지 눌어붙지 않게 잘 섞어가며 볶으면 완성!

RECIPE 43
원팬잡채

바쁘다 바빠 현대사회에서 살아가는 우리가 언제까지 잡채를 복잡하고 어렵게 만들어야 할까? 그래서 일일이 채소를 볶지 않고 팬 하나로 뚝딱 만들 수 있는 일명 원팬잡채 레시피를 알려줄게. 이 레시피면 앞으로 생일, 명절뿐만 아니라 일상에서도 간단하게 잡채를 해 먹게 될 거야.

재료(4인분)

당면 150g
돼지고기(잡채용 등심) 100g
당근 60g
양파 1개
표고버섯 2개
시금치 60g
식용유 1숟가락
통후추 1/5숟가락
소금 1/3숟가락
참기름 2숟가락
참깨 2숟가락

양념

물 250㎖
콜라 50㎖
진간장 6숟가락
설탕 1숟가락
굴소스 1/2숟가락
다진 마늘 1/2숟가락
미원 1/3숟가락
소고기 다시다 1/2숟가락

뚝딱이형에게 배우는 요리 노하우

형! 집 냉장고에 남아있는 다른 재료도 넣고 싶어요!

우리 잼민이 간만에 쓸모있는 소리를 하는구나. 냉장고 털이, 일명 '냉털'의 느낌으로 이 잡채를 만들어도 참 맛있어. 부추, 어묵, 유부, 파프리카, 목이버섯 등 각종 채소와 버섯을 넣는 걸 강추해. 말린 목이버섯은 미리 불려두는 것 잊지 말고. 부추는 숨이 금방 죽기 때문에 불을 끄고 시금치와 같이 넣으면 돼.

형! 마실 것도 모자른데 콜라는 왜 넣는 거예요?

잡채에 콜라를 넣으면 잡채 특유의 먹음직스러운 갈색도 잘 돌고 단맛도 낼 수 있단다.

형! 잡채가 좀 떡지는 것 같아요.

당면이 붇고 떡지는 이유는 다음과 같다. 당면을 너무 오래 볶아 당면이 붇기 시작했거나 마지막에 참기름을 넣고 고르게 섞어주지 않아서, 혹은 잡채를 다 볶고 열기가 남은 팬에 오랫동안 두었기 때문이란다. 그래서 당면이 양념을 흡수하고 알맞게 익을 때까지만 강불로 빠르게 볶기, 참기름이 면을 코팅할 수 있게 잘 버무려주기, 완성된 잡채는 열기가 남아 있는 팬에 그대로 두지 말고 바로 그릇에 옮겨 담아야 한단다.

1 당면은 미지근한 물에 2시간 정도 불린다.

2 당근과 양파는 채 썰고, 표고버섯은 얇게 썬다. 시금치는 뿌리를 잘라낸다.

3 달군 팬에 식용유를 두르고 돼지고기를 넣어 소금과 후추로 밑간한 뒤 중불에서 볶는다.

4 고기가 노릇해지면 양념 재료를 모두 섞어 넣고 끓인다.

> 강불에서 빠르게 볶아 수분을 날리는 것이 중요해.

5 양념이 끓어오르면 당근, 양파, 표고버섯, 불린 당면을 넣고 강불에서 잘 섞어가며 빠르게 볶는다.

6 양념이 당면과 채소에 다 배어들어 수분이 없어지면 불을 끄고, 시금치를 넣은 뒤 잘 섞어 잔열로 익힌다.

7 마지막으로 참기름을 두르고, 깨를 뿌려 잘 버무리면 완성!

RECIPE 44
찹스테이크덮밥

이번에는 추억의 찹스테이크덮밥을 준비했어. 이제는 밖에서 은근히 보기 어려운 찹스테이크를 만들어 밥 위에 얹기만 해도 그럴싸한 찹스테이크덮밥이 완성된단다. 특히 잼민이처럼 채소를 싫어하는 어린이들이 이 레시피로 찹스테이크덮밥을 만들면 알록달록한 비주얼과 감칠맛에 뚝딱 한 그릇 비울 수 있을 거야.

재료(1인분)

소고기(스테이크용) 200g
노란 파프리카 25g
빨간 파프리카 25g
양파 40g
양송이버섯 3개
밥 1공기(210g)
계란 1개
소금 1/2숟가락
통후추 1/5숟가락
식용유 2숟가락
버터 10g
파슬리가루 조금

소스

스테이크소스 4숟가락
토마토소스 2숟가락
굴소스 1숟가락
다진 마늘 1숟가락

뚝딱이형에게 배우는 요리 노하우

형! 소고기 부위는 어떤 것을 골라야 하나요?

스테이크로 사용할 수 있는 부위면 모두 사용할 수 있어. 나는 등심을 썼지만 채끝살, 부채살 등 취향에 맞게 선택하면 돼.

형! 잼민이 집에는 토마토소스가 없어요!

토마토소스가 없으면 케첩으로 대체해서 사용하면 된단다.

형! 스테이크소스도 없어요!

스테이크소스가 제일 잘 어울리지만 없으면 돈가스소스 또는 바비큐소스를 대신 넣어도 돼.

1 소고기를 한입 크기로 깍둑 썰어 소금과 후추로 밑간한다.

2 파프리카와 양파는 3cm 크기로 깍둑 썰고, 양송이버섯은 십자로 4등분한다.

3 달군 팬에 식용유를 두르고 소고기를 중불에서 굽다가 겉면이 익으면 버터를 넣고 바삭하게 굽는다.

4 고기 위에 파프리카, 양파, 양송이버섯과 소스 재료를 모두 넣고 타지 않게 볶는다.

5 접시에 밥과 완성된 스테이크, 계란프라이를 올리고 파슬리가루를 뿌리면 완성!

RECIPE 45

빨간어묵

찬바람 부는 겨울만 되면 생각나는 어묵꼬치를 매콤하고 칼칼하게 먹을 수 있게 빨간어묵 레시피를 준비했어. 집에서 간단하게 해 먹기에 이만한 요리도 없을 거야. 어묵꼬치 덕에 화려한 비주얼은 덤! 이 레시피로 빨간어묵꼬치를 한번 만들어보면 둘도 없는 겨울 별미로 자리 잡을걸?

재료(2인분)

사각어묵 8장
대파 1/2대
물 1ℓ
다시마 2g
멸치(육수용) 5마리

양념
고추장 1숟가락
고춧가루 2숟가락
진간장 3숟가락
물엿 1숟가락
다진 마늘 1숟가락

뚝딱이형에게 배우는 요리 노하우

형! 멸치육수 내기 너무 귀찮아요.
육수 대신 멸치 다시다나 멸치칼국수라면의 스프를 1/2숟가락 슬쩍 풀어 넣으렴. 육수가 아니라 해보려는 마음이 중요한 거란다.

형! 잼민이 집에는 물엿이 없어요!
물엿은 설탕으로 대체할 수 있단다. 물엿과 똑같이 1숟가락 넣어줘.

형! 더 맛있게 먹는 꿀팁이 있다고 들었습니다!
끓는 양념에 삶은 계란, 우동사리 또는 라면사리를 넣어 먹으면 더욱 맛있게 즐길 수 있단다. 집에서 만들어 먹을 때의 특권이지.

1 사각어묵을 길게 세 겹으로 접은 다음 나무젓가락에 지그재그로 끼워 어묵꼬치를 만든다.

2 대파는 송송 썬다.

> 다시팩을 활용해 깔끔한 육수를 만들어도 좋아.

3 냄비에 물, 다시마, 멸치를 넣고 끓이다가 육수가 끓기 시작하면 다시마를 먼저 건져내고 700㎖로 줄어들 때까지 끓인다.

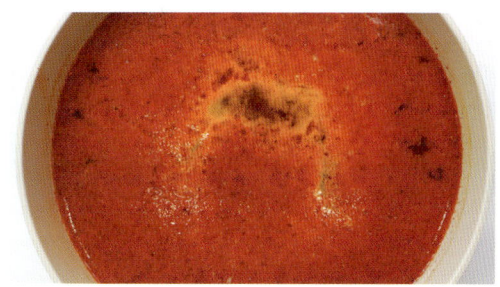

4 멸치육수에 양념 재료를 모두 넣고 강불에서 끓인다.

5 육수가 끓으면 어묵꼬치와 대파를 넣고 강불로 양념이 졸아들 때까지 끓이면 완성!

RECIPE 46
콩나물불고기

제육볶음과는 다르게 자작한 국물과 아삭한 콩나물이 매력적인 콩나물불고기 레시피를 알려줄게. 흔히 '콩불'이라고 불릴 만큼 한국인 밥상의 단골 메뉴로 자리 잡은 콩나물불고기는 쌈을 싸 먹어도 맛있고, 국물과 함께 밥에 쓱쓱 비벼 먹어도 참 맛있어. 너무 쉬워서초보자도 실패 없이 쉽고 간단하게 뚝딱 만들 수 있단다.

재료(2인분)

대패삼겹살 500g
콩나물 200g
대파 1대
양파 1/2개
깻잎 10장
청양고추 1개
팽이버섯 50g
참깨 1숟가락

양념장
진간장 3숟가락
고추장 3숟가락
맛술 3숟가락
고춧가루 2숟가락
설탕 2숟가락
다진 마늘 1.5숟가락
순후추 조금

뚝딱이형에게 배우는 요리 노하우

형! 콩나물이 너무 많은 거 아닌가요?

익기 전의 콩나물의 부피는 생각보다 크지만 익으면서 서서히 줄어 고기 500g 기준 딱 알맞은 양이 되니 너무 걱정하지 말렴. 아, 그리고 반드시 고기를 팬 바닥에 깔고, 콩나물은 맨 위에 올려서 익혀야 콩나물의 아삭한 식감을 최대한 살릴 수 있어.

형! 고기랑 콩나물을 물도 없이 그냥 불에 올려요?

바닥의 대패삼겹살이 살짝 구워지는 동안 콩나물에서 수분이 나와 양념 섞기 딱 좋을 때가 온단다. 걱정 말고 좀 쉬어.

1 대파는 반으로 잘라 7cm 길이로, 양파는 채 썰고, 깻잎은 돌돌 말아 1cm 폭으로, 청양고추는 어슷 썬다.

2 팽이버섯은 밑동을 잘라내고 손으로 찢는다.

3 볼에 양념장 재료를 모두 넣고 잘 섞는다.

4 팬에 대패삼겹살을 넓게 깔고, 그 위에 대파, 양파, 콩나물과 양념장을 얹어 중약불에 올린다.

아직 섞지는 마!

5 콩나물의 숨이 죽어 수분이 나오면 중불에서 모든 재료가 양념장과 잘 어우러지도록 볶는다.

6 마지막으로 팽이버섯과 깻잎, 청양고추를 넣고 잘 섞은 뒤 깨를 뿌려 완성!

RECIPE 47
오리불고기

내가 취사병으로 복무할 때 가장 인기가 좋았던 메뉴인 군대식 오리불고기 레시피를 준비했어. 고소한 오리기름과 착 감기는 양념 맛에 한번 먹으면 절대로 잊을 수 없는 음식이 될 거야. 먹다 보면 저절로 양념에 밥 비벼 먹고 싶은 마음이 들걸?

재료(4인분)

- 생오리로스 400g
- 양배추 100g
- 양파 1/4개
- 청양고추 1개
- 깻잎 6장
- 파채 50g
- 식용유 1숟가락
- 들깻가루 2숟가락

양념
- 진간장 3숟가락
- 된장 1/2숟가락
- 고추장 1.5숟가락
- 고춧가루 2숟가락
- 물엿 1숟가락
- 다진 마늘 1.5숟가락
- 다진 생강 1/4숟가락
- 설탕 2/3숟가락
- 순후추 1/4숟가락

뚝딱이형에게 배우는 요리 노하우

형! 왜 채소를 바닥에 까는 건가요?

채소 위에 오리로스를 올리면 양념한 고기가 팬에 직접 닿지 않아. 그래서 채소가 익으면서 나오는 수분으로 양념이 타지 않게 조리할 수 있어. 자작한 국물도 만들 수 있지. 촉촉한 오리불고기의 비밀이란다.

형! 들깨가루가 없는데요!

농담이지만 오리불고기에 오리는 없어도 들깨가루는 있어야 한단다. 순대국이나 감자탕에서 들깨가루는 취향에 따라 넣는 옵션이지만 오리불고기만큼은 반드시 들어가야 하는 핵심 재료야. 고소한 들깨가루와 매콤한 오리 양념은 최강의 조합이지.

형! 남은 양념으로 밥 좀 볶아 올까요?

웬일로 참말만 하는구나. 오리불고기 조금 남겨서 다진 김치, 김가루, 밥과 함께 볶아 먹어야 오리불고기를 제대로 먹었다고 할 수 있지.

1 양파는 채 썰고, 양배추는 3cm 폭으로, 청양고추는 송송, 깻잎은 돌돌 말아 1cm 폭으로 썬다.

2 볼에 오리로스와 양념 재료를 모두 넣어 잘 버무린다.

> 채소에서 물이 나오도록 볶지 말고 그대로 둬.

3 팬에 식용유를 두르고 양파와 양배추를 바닥에 넓게 깐 뒤, 양념한 오리로스를 올리고 약불에서 뚜껑을 덮고 10분~15분간 익힌다.

4 팬 가장자리로 국물이 자작자작하게 올라오면 고기와 채소를 잘 섞은 뒤, 청양고추, 깻잎, 파채를 넣고 중불에서 채소의 숨이 죽을 때까지 익힌다.

5 마지막으로 들깻가루를 넣고 한 번 섞으면 완성!

RECIPE 48
고추장마늘보쌈

재료만 보아도 한국인이라면 군침이 싹 도는 고추장마늘보쌈 레시피를 준비했어. 한국인에게 너무 친숙한 식재료만을 사용한 레시피라, 누구나 호불호 없이 좋아할 거야. 푹 익힌 마늘을 으깨서 만든 고추장소스에 부드러운 보쌈 고기를 찍어 먹는 것이 이 요리의 하이라이트란다.

재료(3인분)

통삼겹살 600g
식용유 1숟가락

고추장소스

마늘 200g
물 720㎖
생강 5g
월계수잎 3장
통후추 1숟가락
고추장 2숟가락
진간장 2숟가락
맛술 2숟가락
물엿 2숟가락
설탕 1숟가락
참기름 1숟가락

뚝딱이형에게 배우는 요리 노하우

형! 냉동 통삼겹으로 해도 되나요?

나는 이번 레시피처럼 양념을 진하게 만들 때는 국내산 생삼겹살을 쓰기 아까워서 가성비 있는 수입산 냉동 삼겹살을 사용한단다. 진한 양념에 조리는 요리법이라면 냉동 고기를 사용해도 충분히 맛있게 만들 수 있거든.

형! 고추장소스가 좀 짠 것 같아요!

가정마다 화력이 다르기 때문에 삼겹살을 익히고 남은 양념의 염도가 다를 수 있단다. 마늘을 으깨기 전에 양념의 간을 봐서 짜면 양념을 조금 덜어내고 마늘을 으깨는 게 좋아.

형! 집에 월계수잎이 없는데요?

월계수잎이 없다면 잡내를 제거할 수 있는 다른 재료로 대체하면 되지. 월계수잎이 없다면 생략해도 된단다.

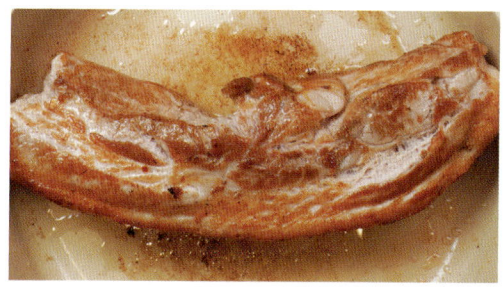

1 달군 팬에 식용유를 두르고 통삼겹살을 올려 중불에서 모든 면을 노릇하게 바짝 굽는다.

생강, 월계수잎, 통후추는 다시팩에 넣어 끓이면 편리해.

2 통삼겹살 위에 고추장소스 재료를 모두 넣고 뚜껑을 덮은 채로 중불에서 20분간 끓인다.

3 생강, 월계수잎, 통후추를 건져내고 삼겹살이 타지 않게 뒤집어가며 약불에서 10분 더 조린다.

4 통삼겹살을 건져내고 푹 익은 마늘을 주걱으로 으깨고 잘 섞어 고추장소스를 만든다.

5 통삼겹살을 얇게 썰고, 그 위에 고추장소스를 취향껏 올리면 완성!

RECIPE 49
명란비지찌개

간단한 맛보장 비지찌개 레시피를 알려줄게. 바로 명란젓으로 간을 맞추는 게 비법이란다. 그리고 비지 하나 사려고 시장까지 갈 필요 없이, 비지보다 더 저렴한 두부를 갈아서 고소한 콩물로 비지찌개를 만들어보았어. 이 레시피 하나만 알아도 앞으로 '비지찌개 만들기 귀찮다~' 라는 말은 안 하게 될 거야.

재료(2인분)

돼지고기(앞다리살) 300g
명란젓 40g
김치 300g
대파 1/2대
양파 70g
애호박 60g
청양고추 2개
식용유 2숟가락
고춧가루 2숟가락
다진 마늘 1.5숟가락
소고기 다시다 1/2숟가락
들기름 1숟가락

콩물
두부 500g
참깨 1숟가락
물 1.5컵(270㎖)

뚝딱이형에게 배우는 요리 노하우

형! 잼민이는 매운맛이 싫은데요!

평소 매운 찌개를 즐겨 먹는 맵고수라면 청양고추 2개가 알맞지만, 취향에 따라 양을 조절해서 넣으면 돼.

형! 명란젓 말고 동태 알을 넣어도 되나요?

원래 짭짤한 명란젓으로 국의 간을 맞추는 레시피이지만 동태 알을 넣는다면 국간장과 소금으로 간을 봐가며 맞추면 돼. 이때, 알 껍질은 제거하는 게 좋아. 알 가운데에 칼집을 내고 속을 긁어내면 된단다.

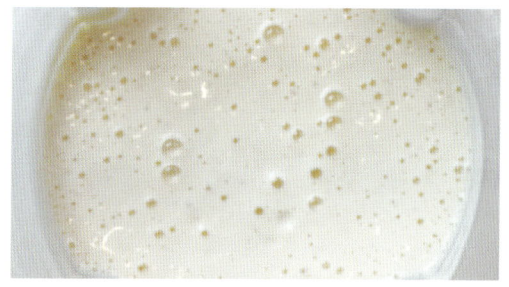

1 믹서에 콩물 재료를 모두 넣고 곱게 간다.

2 대파와 청양고추는 송송 썰고, 양파와 애호박은 작게 썬다.

3 돼지고기는 한입 크기로 자른다.

4 김치는 작게 자른다.

5 달군 팬에 식용유를 두르고 돼지고기, 김치, 대파, 고춧가루, 다진 마늘을 넣어 약불에서 김치가 투명해질 때까지 볶는다.

6 볶은 재료 위에 콩물, 양파, 애호박, 청양고추, 소고기 다시다, 명란젓을 넣고 중불에서 끓인다.

다시다는 취향껏 넣으면 돼.

7 마지막으로 불을 끄고 들기름을 두르면 완성!

RECIPE 50
닭한마리 칼국수

재료(3인분)

통닭 1kg
감자 2개
대파 1대
부추 150g
칼국수면 1인분
고춧가루 1.5숟가락

육수

무 300g
대파 2대(200g)
양파 1개(150g)
마늘 10알
청양고추 3개(30g)
통후추 10g
물 2ℓ

칼국수양념

멸치액젓 2숟가락
국간장 2숟가락
치킨스톡 1숟가락

부추소스

닭 육수 5숟가락
고춧가루 2숟가락
국간장 2숟가락
다진 마늘 1숟가락
식초 1숟가락
겨자 1/2숟가락
순후추 1/3숟가락

쌀쌀한 바람이 불어올 때 자연스럽게 생각나는 칼국수 레시피를 준비했어. 삼계탕과 백숙의 뒤를 잇는 따뜻한 국물 요리로 담백한 닭고기도 먹고 칼국수까지 먹을 수 있는 일석이조 메뉴라고 할 수 있지. 담백하게 먹어도 맛있지만 고춧가루를 넣어 칼칼하게도 먹어도 참 맛있더라고. 닭을 찍어 먹기 딱 좋은 부추소스 레시피도 함께 알려줄게.

뚝딱이형에게 배우는 요리 노하우

형! 저는 조금 더 깔끔한 국물을 즐기고 싶어요!

닭 육수 그대로의 깔끔한 국물을 원한다면, 닭을 먼저 건져 먹은 뒤, 남은 국물에 칼국수면을 넣어 먹어도 된단다. 닭을 찍어 먹는 부추소스가 별미이니 꼭 만들어서 찍어 먹어봐!

형! 남은 국물에 죽 끓여 먹고 싶어요!

한국인에게 후식은 바로 죽이라고 할 수 있지! 국물이 남으면 밥을 넣고 졸여서 죽을 만들어 먹어도 참 맛있단다. 남는 채소를 다져서 죽에 넣으면 더욱 건강하게 먹을 수 있지.

형! 저는 닭 손질하기가 힘들어요.

우리 잼민이에겐 아직 어려운 일이겠구나. 닭 손질이 어렵다면 손질된 볶음탕용 닭을 사용해도 된단다.

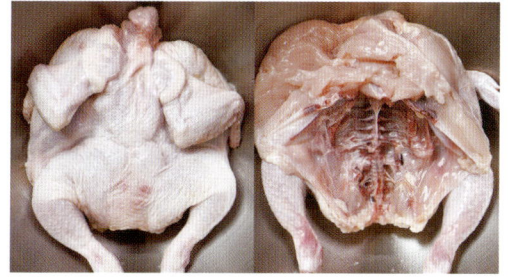

1 통닭의 튀어나온 꽁지와 날개 끝을 가위로 자르고 배를 갈라 넓게 펼쳐서 흐르는 물로 안쪽까지 깨끗하게 씻는다.

2 냄비에 닭과 육수 재료를 모두 넣고 강불에서 30분간 끓인다.

3 감자는 한입 크기로, 대파는 송송 썰고, 부추는 5cm 길이로 썬다.

4 삶은 닭은 건져 큼직하게 자른다. 닭을 건져내고 남은 육수는 1.3ℓ가 될 때까지 계속 끓인 뒤, 체에 거른다.

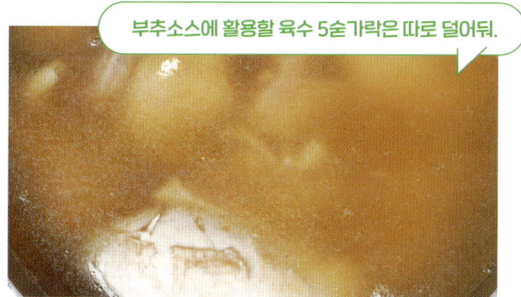

부추소스에 활용할 육수 5숟가락은 따로 덜어둬.

5 냄비에 완성된 육수와 닭, 칼국수양념 재료를 모두 넣고 끓인다.

부추소스에 넣을 부추 20g은 남겨둬.

6 국물이 끓으면 감자, 칼국수면을 넣고 끓이다가 면이 2/3 이상 익으면 대파와 부추를 넣고 섞는다.

7 칼국수에 고춧가루를 넣어 잘 푼다.

8 볼에 남겨둔 부추와 부추소스 재료를 모두 넣고 잘 섞어 칼국수에 곁들이면 완성!

RECIPE 51

고기국수

잼민아, 너 제주도 가서 고기국수 먹어봤니? 나는 정말 맛있었는데 다소 비싸서 아쉬운 마음에 직접 만들어봤어. 제주도에서 먹은 고기국수의 깊고 진한 육수 맛을 집에서도 충분히 따라 할 수 있는 레시피이니, 한번 도전해 보면 좋겠어. 이 요리를 한다면 요리 초보자도 단숨에 요리 고수로 인정받을 거야.

재료(2인분)

통삼겹 300g
소면 2인분
양파 80g
사과 80g
마늘 5알
시판 사골육수 500㎖
계란 1개
대파 20g

육수양념

물 1ℓ
국간장 2숟가락
멸치액젓 2숟가락
된장 1/2숟가락
굵은 소금 1/2숟가락

양념장

진간장 2숟가락
청양고추 1개
고춧가루 1숟가락
다진 마늘 1숟가락

뚝딱이형에게 배우는 요리 노하우

형! 잼민이 집에는 토치가 없는데요!

토치가 없으면 채소의 모든 겉면을 살짝 태우듯이 구우면 된단다. 불맛을 내는 과정이야.

형! 육수가 조금 싱거운 것 같아요!

고기국수는 양념장을 얹어 먹는 레시피라서 육수의 간이 다소 싱거운 게 맞아! 양념장을 취향에 맞게 올려서 섞어 먹으렴!

형! 사과가 너무 비싸요.

사과는 없으면 안 넣어도 돼. 남는 사과는 64쪽의 비빔국수, 174쪽의 쫄면 양념으로 알뜰하게 활용하렴! 아니면 후식으로 먹어도 좋지!

1. 사과는 얇게, 청양고추와 대파는 송송 썬다. 계란은 지단을 부쳐 채 썬다.

2. 볼에 양념장 재료를 모두 넣고 잘 섞는다.

3. 삼겹살은 1cm 두께의 한입 크기로 자른다.

4. 달군 팬에 삼겹살을 올려 앞뒤로 노릇하게 굽다가 양파, 사과, 마늘을 넣고 토치로 그을린다.

5. 구운 재료에 육수양념 재료를 모두 넣고 육수가 반으로 줄어들 때까지 중불에서 끓인다.

> 으깬 마늘만 육수에 넣고 양파와 사과는 버려.

6. 삼겹살과 채소를 모두 건져낸 뒤, 마늘은 체에 밭쳐 으깨서 육수에 다시 넣고 사골육수를 추가한 뒤 강불에서 끓인다.

> 물이 끓어오를 때마다 찬물을 1/2컵씩 3번 넣어가며 소면을 삶아줘.

7. 끓는 물에 소면을 펼쳐 넣고 삶는다. 잘 삶은 소면은 찬물 또는 얼음물에 비벼 헹군 뒤, 체에 밭쳐 물기를 뺀다.

8. 그릇에 삶은 소면, 고기, 계란지단, 대파와 양념장을 올리고 완성된 육수를 부으면 완성!

RECIPE 52
치즈밥

오늘은 잼민이 취향저격 치즈밥 레시피를 알려줄게. 한때 학교 앞 가성비 메뉴로 유행했지만 지금은 거의 사라져버렸지. 어린이, 초딩 입맛 어른, 자취생에게 인기 만점인 치즈밥은 쭉쭉 늘어나는 치즈와 뚝배기에 눌어붙은 밥이 정말 매력적이야.

재료(1인분)

- 스팸 50g
- 밥 1공기(210g)
- 참기름 1/2숟가락
- 올리고당 1숟가락
- 케첩 1숟가락
- 고추장 1숟가락
- 캔옥수수 3숟가락
- 체다치즈(슬라이스) 1장
- 모짜렐라치즈(슈레드) 75g
- 김가루 1숟가락

뚝딱이형에게 배우는 요리 노하우

형! 치즈밥 성공 꿀팁 좀 알려주세요.

최대한 약불로 가열하여 밥이 타지 않고 적당히 눌어붙게 만드는 것이 이 요리의 핵심이지! 약불로 천천히 가열하는 인내심만 있다면 요리 초보자들도 만만하게 도전할 만한 요리야.

형! 침이 줄줄 나와요!

우리 잼민이가 좋아할 줄 알았어. 요리 초보자들은 이렇게 쉬운 레시피부터 시작해서 여러 가지로 응용하고 도전해 보길 바랄게.

1 스팸을 잘게 썬다.

아직 불은 켜지 마.

2 뚝배기에 참기름을 두르고 밥, 올리고당, 케첩, 고추장을 넣고 잘 비빈다.

3 밥 위에 스팸-캔옥수수-체다치즈-모짜렐라 치즈-김가루 순서로 올린다.

4 뚜껑을 덮고 가장 약한 불에서 15분 가열한 뒤, 잘 섞으면 완성!

RECIPE 53

된장술밥

이번에는 고깃집에서 마무리로 딱 좋은 된장술밥 레시피를 알려줄게! 고깃집의 비싼 된장술밥을 집에서도 똑같이 만들 수 있는 레시피야. 밥을 볶아 끓이기 때문에 밥을 말아 먹는 것보다 걸쭉하고 묵직한 맛이 매력적이란다. 캠핑 가서 고기를 구워 먹고 이 요리를 만들어봐. 요리 고수인 척 하기에 딱 좋을 거야.

재료(2인분)

우삼겹 150g
밥 1공기(210g)
물 800㎖
멸치(육수용) 5마리
다시마 2g
애호박 40g
양파 1/4개
표고버섯 1개
두부 30g
대파(흰 대) 1대
청양고추 1개
다진 마늘 1숟가락

양념

된장 2숟가락
고추장 1/2숟가락
고춧가루 1숟가락
멸치액젓 1숟가락

뚝딱이형에게 배우는 요리 노하우

형! 멸치육수는 얼만큼 넣어야 하나요?

된장술밥은 국물을 자작하게 끓여 밥과 건더기를 비벼 먹는 음식이라 육수를 너무 많이 부어버리면 특색이 사라져. 처음에 딱 밥이 잠길 정도로만 넣고 너무 졸았다 싶을 때 조금씩 추가하는 게 좋아!

형! 우삼겹 말고는 어느 부위를 쓰면 좋을까요?

사실 차돌박이를 쓰면 더 맛있단다. 하지만 차돌박이가 훨씬 더 비싸서 우삼겹으로 만들어 봤지. 잘 볶아 끓이면 우삼겹으로도 충분히 맛을 낼 수 있어.

형! 어른들은 왜 이걸 술밥이라 불러요?

글쎄, 한번 먹으면 술이 술술 들어가서 술밥인 것 같아. 뭉근히 끓여 걸쭉한 것이 그냥 된장국에 밥 말아먹는 것과는 차원이 다른 진정한 어른들의 음식이지.

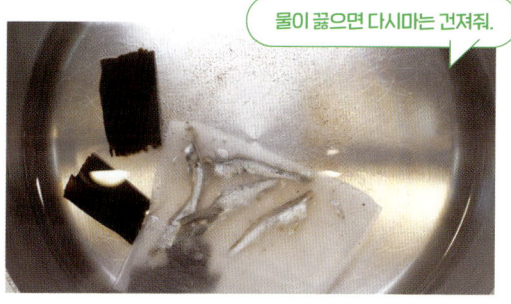

1 물에 멸치, 다시마를 넣고 반으로 줄어들 때까지 중불로 끓인다.

물이 끓으면 다시마는 건져줘.

2 우삼겹은 잘게 썬다.

3 애호박, 양파, 표고버섯, 두부는 작게 썰고, 대파와 청양고추는 송송 썬다.

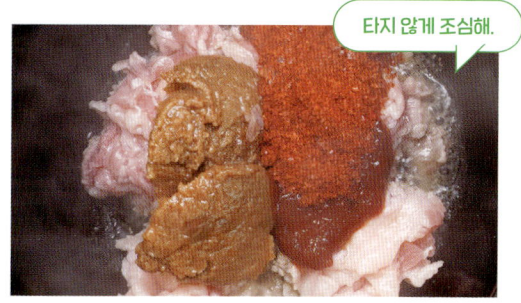

4 뚝배기에 우삼겹과 양념 재료를 모두 넣고 약불에서 양념이 타지 않게 볶는다.

타지 않게 조심해.

5 우삼겹이 모두 익으면 밥을 넣고 밥알을 고기 기름으로 코팅하듯 풀어가며 볶는다.

6 밥이 잠길 정도로 육수를 부은 뒤 애호박, 양파, 표고버섯, 다진 마늘을 넣고 밥이 퍼질 때까지 끓인다.

국물이 너무 졸아들면 남은 육수를 조금씩 넣어줘.

7 마지막으로 두부, 대파, 청양고추를 넣고 2분간 더 끓이면 완성!

RECIPE 54

김치삼겹살솥밥

한국인 취향저격 솥밥 레시피를 연구하다가 김치삼겹살솥밥을 만들게 되었어. 김치볶음밥과 뭐가 다르냐고? 일단 먹어봐! 김치볶음밥과는 확연히 다른 맛으로, 느끼함 없이 삼삼하고 깔끔한 맛에 나도 모르게 슬슬 퍼먹게 되는 매력이 있단다. 불 조절만 잘하면 누구나 실패 없이 만들 수 있어.

재료(4인분)

대패삼겹살 300g
김치 300g
쌀 2컵
물 2컵
쪽파 100g
식용유 1숟가락
소금 1/3숟가락
통후추 1/4숟가락
고춧가루 2숟가락
멸치액젓 2숟가락
진간장 1숟가락
소고기 다시다 1/2숟가락
참기름 1숟가락

뚝딱이형에게 배우는 요리 노하우

형! 초보자도 실패 없이 만들 수 있는 꿀팁 좀 알려주세요!

우선 불린 쌀을 넣고 끓일 때 냄비 바닥에 재료가 눌어붙기 쉬우니까 물이 끓기 전까지 주걱 등으로 바닥을 잘 긁어주는 것이 중요해. 그리고 뚜껑을 덮고 가열할 때 약불을 유지하고, 쪽파와 참기름을 넣기 전까지 뚜껑을 열지 않아야 쌀이 잘 익을 수 있어. 이 점만 주의한다면 누구나 쉽게 만들 수 있단다. 그리고 식용유는 대패삼겹살에서 기름이 나오기 전에 삼겹살이 냄비 바닥에 붙는 것을 방지하는 용도니까 삼겹살에 기름이 많으면 생략해도 된단다.

형! 형수님이 이 레시피를 제일 좋아한다고요?

맞아. 우리 와이프가 뽑은 2022년 뚝딱이형 1분 요리 대상이야. 선정 기준은 우리 와이프가 한 번에 먹은 양이었지. 이 정도는 한 끼에 거뜬히 먹는단다.

1 쌀은 물에 깨끗이 씻어 체에 밭쳐 물기를 뺀 뒤, 밥물을 맞추어 1시간 이상 충분히 불린다.

2 김치는 먹기 좋게 자르고 쪽파는 송송 썬다.

3 냄비에 식용유를 두른 뒤 대패삼겹살을 넣고 소금과 후추를 갈아 뿌려 중불에서 볶는다.

4 볶은 대패삼겹살에 김치, 고춧가루, 멸치액젓, 진간장을 넣고 강불에서 빠르게 볶는다.

> 냄비 바닥에 쌀이 눌어붙지 않도록 주의해.

5 김치가 투명해지면 불린 쌀과 물, 소고기 다시다를 넣은 뒤 중불에서 잘 섞어가며 끓인다.

6 물이 끓어오르면 뚜껑을 덮고 약불에서 15분간 가열한 뒤, 불을 끄고 10분간 뜸을 들인다.

7 쪽파와 참기름을 넣고 한 번 섞으면 완성!

오므라이스

RECIPE 55

재료 (1인분)

볶음밥
밥 1공기(210g)
베이컨 2줄
대파 1대
양파 1/4개
당근 20g
식용유 2숟가락
케첩 1숟가락
굴소스 1숟가락
파슬리가루 조금

계란 이불
식용유 1숟가락
계란 3개
소금 한 꼬집

소스
버터 1숟가락
밀가루 1숟가락
물 180㎖(1컵)
케첩 2숟가락
우스터소스 3숟가락
설탕 1숟가락
진간장 2숟가락

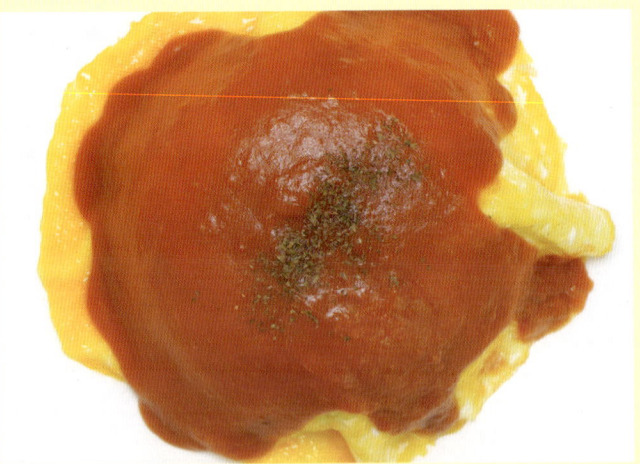

잼민이 같은 초딩 입맛부터 나 같은 아재 입맛까지 아우르는 추억의 오므라이스 레시피를 알려줄게. 지금까지 먹은 오므라이스는 생각도 안 나는 맛의 신세계가 열릴 거야. 잼민이가 혼자 할 수 있을 정도로 가장 간단하면서도 맛있는 오므라이스 레시피라고 장담할게!

뚝딱이형에게 배우는 요리 노하우

형! 부드러운 계란 이불 만드는 게 어려워요.

오므라이스의 부드러운 계란 이불을 만들기 위해서는 번거로워도 반드시 체에 걸러 알끈을 제거해야 해. 그리고 계란을 완전히 익히지 말고 윗부분을 살짝 덜 익혀야 더욱 부드러운 계란 이불을 만들 수 있어.

형! 잼민이 집에는 우스터소스가 없어요!

우스터소스가 제일 잘 어울리긴 한데 없으면 집에 남아있는 돈가스소스나 바비큐소스, 스테이크소스를 대신 넣어도 돼. 시판 소스에는 우스터소스가 포함된 경우가 많아서 비슷한 맛을 낼 수 있어.

1 대파는 반으로 갈라 송송 썰고, 베이컨, 당근, 양파는 잘게 다진다.

타지 않게 조심해.

2 팬에 버터, 밀가루를 넣고 약불에서 연한 갈색이 날 때까지 빠르게 볶아 루를 만든다.

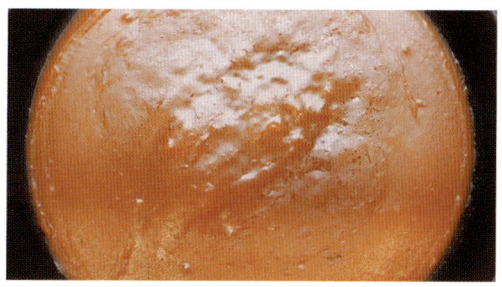

3 루에 나머지 소스 재료를 넣고 약불에서 한 번 끓여 오므라이스소스를 만든다.

4 다른 팬을 달궈 식용유 2숟가락을 두른 뒤, 대파와 베이컨을 넣고 약불에서 볶다가 베이컨이 노릇해지면 양파와 당근을 넣고 볶는다.

5 당근이 익으면 밥을 넣고 볶다가 밥알이 다 풀어지면 케첩과 굴소스를 넣고 볶는다.

6 볼에 계란과 소금을 넣어 잘 섞은 뒤, 체에 한 번 거른다.

7 달군 팬에 식용유 1숟가락을 두른 뒤, 계란물을 붓고 약불에서 80%만 익힌다.

밥공기에 볶음밥을 담아 모양을 내면 더 쉬워.

8 접시에 볶음밥을 담고 계란을 덮은 뒤 소스와 파슬리가루를 뿌리면 완성!

RECIPE 56

마늘보쌈

외국에서는 하나의 향신료에 불과하지만 한국에서는 없어서는 안되는, K-식재료 '마늘'을 이용한 보쌈 레시피를 알려줄게. 막걸리를 활용하여 수육을 삶는 방법부터 알싸하고 달콤한 마늘소스를 만드는 방법까지 한 번에 알려주마. '1분 요리 뚝딱이형' 쇼츠 영상 조회수 1위를 차지할 만큼 증명된 인기 레시피라고 할 수 있지!

재료(3인분)

통삼겹 600g
양배추 50g
식용유 4숟가락
막걸리 1병(750㎖)
진간장 40㎖

마늘소스

다진 마늘 3숟가락
물엿 1숟가락
설탕 1숟가락
소금 한 꼬집

뚝딱이형에게 배우는 요리 노하우

형! 어떤 막걸리를 사용하면 되나요? ✕

막걸리라면 어떤 것을 사용해도 맛있게 만들 수 있어! 가성비를 위해 가장 저렴한 막걸리를 사용하는 것을 추천해.

형! 잼민이 집에는 물엿도 없고 다지기도 없는데요! ✕

물엿이 없으면 꿀을 대신 넣어도 돼. 설탕은 점성이 적어서 양배추를 뭉치기도 어렵고 윤기도 덜 하니까 물엿이나 꿀을 넣으렴. 다지기가 없으면 칼로 열심히 아주 곱게 다지면 돼! 믹서는 너무 즙이 되어버려서 비추야.

형! 우리 아빠는 더 알싸한 마늘소스가 좋대요! ✕

마늘의 강한 알싸한 맛을 원하면 전자레인지에 1분, 적당한 아린 맛과 익힌 마늘의 단맛을 함께 느끼고 싶으면 1분 30초, 아린 맛 없이 단맛만을 원하면 2분간 돌리면 적당하더라고. 가정마다 전자레인지 출력이 다르니 30초씩 끊어서 확인하며 돌리는 것을 추천해!

1 다지기에 양배추를 넣고 곱게 다진 뒤, 체에 밭쳐 물기를 뺀다.

> 전자레인지에 따라 다르니 중간에 확인하면서 2분 30초까지 돌려도 돼. 30초씩 끊어서 돌려줘.

2 볼에 마늘소스 재료를 모두 넣고 잘 섞은 뒤, 전자레인지에 1분 30초 정도 돌린다.

3 마늘소스와 다진 양배추를 잘 섞는다.

4 냄비에 식용유를 두르고 통삼겹살의 겉면만 바삭하게 굽는다.

5 구운 삼겹살에 막걸리와 진간장을 넣고 끓인다.

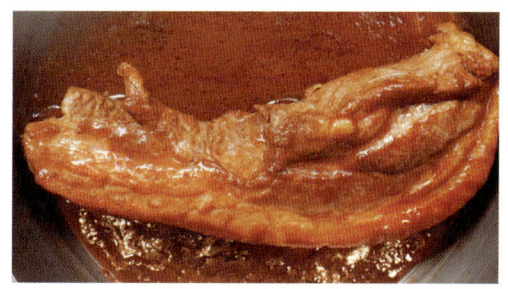

6 막걸리가 거의 다 졸아들 때까지 약불에서 40분간 삼겹살을 돌려가며 익힌다.

> 검은깨를 뿌려 장식해도 좋아.

7 완성된 수육을 한입 크기로 얇게 썰어 마늘소스를 올리면 완성!

RECIPE 57

불고기샌드위치

오늘은 베트남에서 맛있게 먹은 반미샌드위치를 한국식으로 재해석한 불고기샌드위치 레시피를 준비했어. 불고기가 듬뿍 들어간 샌드위치인 만큼 한 끼 식사로 손색없는 요리가 될 거야. 날씨 좋은 날 소풍 갈 때 간식으로 만들면 인싸 되는 건 시간문제겠지?

재료(4개)

소고기(불고기용) 600g
바게트 2개
양파 320g
버터 10g
소금 1/3숟가락
통후추 1/4숟가락
청상추 8장
슬라이스치즈 8장
식용유 2숟가락

불고기양념
진간장 5숟가락
맛술 2숟가락
설탕 2숟가락
다진 마늘 2숟가락

샌드위치소스
머스타드소스 6숟가락
꿀 3숟가락
마요네즈 3숟가락

뚝딱이형에게 배우는 요리 노하우

형! 우리 집에는 바게트가 없어요!

반미샌드위치 기분은 안 나겠지만 식빵으로 만들어도 맛있단다. 버터 바른 팬에 식빵을 앞뒤로 노릇노릇 구워 만들면 더 맛있어. 그리고 바게트는 더욱 바삭한 식감을 원하면 에어프라이어에 딱 180도로 2~3분간 돌려줘. 너무 오래하면 딱딱해서 이 나가니까 조심!

형! 우리 집에는 토치도 없는데요!

토치가 있으면 치즈에 불향을 입히며 녹일 수 있지만, 없으면 그냥 덮어서 불고기의 열기로 살짝 녹이면 돼.

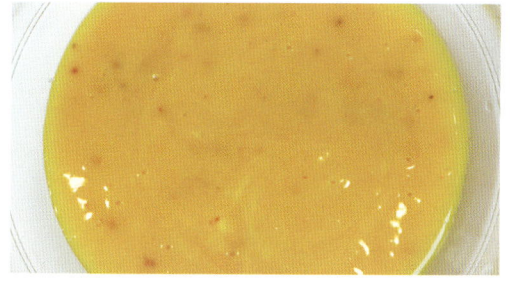

1 볼에 샌드위치소스 재료를 모두 넣고 잘 섞는다.

2 양파는 채 썬다.

3 팬에 버터를 녹인 다음 채 썬 양파를 넣고 소금과 후추로 밑간하여 양파가 갈색이 될 때까지 약불에서 타지 않게 볶고 잠시 식혀둔다.

4 볼에 소고기와 불고기양념 재료를 모두 넣어 버무린다.

5 달군 팬에 식용유를 두른 뒤 양념한 고기를 넣고 중약불에서 수분이 모두 날아갈 때까지 바짝 볶는다.

6 바게트 빵의 양 끝을 자르고, 이등분한 뒤 가운데를 갈라 펼친다.

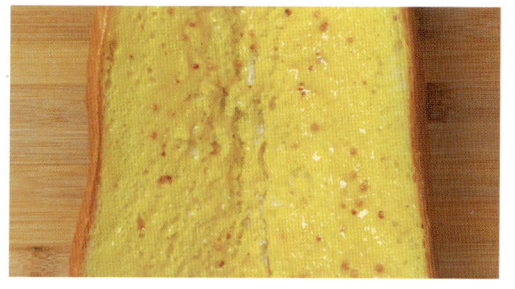

7 바게트빵 안쪽에 샌드위치소스를 고르게 펴 바른다.

8 청상추-양파-불고기-치즈 순서로 올리고 토치로 치즈를 살짝 녹인 뒤 접으면 완성!

RECIPE 58

통새우전

나는 '직접 해 먹는 음식은 사 먹는 음식보다 더 맛있어야 한다' 라는 마음으로 요리를 한단다. 오늘 알려주는 통새우가 듬뿍 들어간 새우전은 이러한 나만의 철학을 그대로 표현해 주는 음식이라고 할 수 있지. 새우를 아끼지 않고 팍팍 넣어 '나 새우전이다!' 라고 외치는 듯한 고급스러운 맛의 새우전 레시피 바로 알려줄게. 시작!

재료(3인분)

노바시새우 24마리
미림 1숟가락
맛술 1숟가락
맛소금 1숟가락
식용유 조금

반죽
칵테일새우 300g
부침가루 1컵(100g)
맛술 1숟가락
맛소금 1/2숟가락
다진 마늘 1숟가락
청양고추 2개
홍고추 2개
부추 70g
쪽파 3뿌리
계란 4개

뚝딱이형에게 배우는 요리 노하우

형! 노바시새우가 뭔가요?

노바시새우는 일자로 편 새우를 말해. 보통 일식집에서 많이 사용하지. 나처럼 인터넷을 통해 쉽게 구할 수도 있지만, 여건이 안 된다면 칵테일새우를 펴서 사용해도 돼.

형! 큰 새우전이 좋은데 왜 이렇게 작게 부치나요?

잼민이 욕심은 여전하구나! 전은 반죽 양과 크기를 조절해서 작게 부쳐야 가장자리를 더 바삭하게, 모양도 예쁘게 부칠 수 있단다. 4구 프라이팬(에그팬)을 쓰면 반듯하게 부칠 수 있지!

1 꼬리를 제거한 칵테일새우를 곱게 다진다.

2 청양고추, 홍고추는 반으로 갈라 다지고, 부추와 쪽파는 송송 썬다.

3 볼에 반죽 재료를 모두 넣고 잘 섞는다.

4 노바시새우에 미림, 맛술, 맛소금으로 밑간을 한다.

5 달군 팬에 식용유를 넉넉히 두른 뒤, 노바시새우를 3마리씩 가지런히 올려 한쪽만 중불에서 굽는다.

> 이때 꼬리는 전 밖으로 빼면 먹기도 편하고 더욱 예쁜 전을 만들 수 있어.

6 노바시새우를 덮도록 새우전 반죽을 올리고 앞뒤로 노릇하게 부치면 완성!

> 새우 꼬리는 잘라내도 좋아.

마라통삼겹조림

재료(3인분)

통삼겹살 600g
메추리알 200g
숙주 100g
참깨 1숟가락

마라소스
물 360㎖
하이디라오 마라소스 2숟가락
고추장 1숟가락
고춧가루 1숟가락
진간장 1숟가락
굴소스 1숟가락
맛술 1숟가락
물엿 1숟가락
다진 마늘 1숟가락
설탕 1숟가락
순후추 1/2숟가락

땅콩소스
땅콩버터 2숟가락
진간장 2숟가락
물 2숟가락
다진 마늘 1숟가락
대파 20g
청양고추 1개
참깨 1숟가락

오늘은 그 어디에서도 볼 수 없는 뚝딱이형표 마라통삼겹조림 레시피를 알려줄게. 요즘 마라 열풍으로 시판 마라소스를 많이들 갖고 있더라고. 마라탕 한두 번 끓여 먹다가 냉장고에 처박아 놓은 마라소스는 오늘 이 요리로 활용해 보렴. 평소 마라를 좋아하는 사람은 분명 좋아할 맛이란다. 그리고 찍어 먹는 땅콩소스가 치트키이니 꼭 같이 먹어봐.

뚝딱이형에게 배우는 요리 노하우

형! 꼭 삼겹살로 해야하나요?

아니! 목살로 해도 맛있어. 삼겹살 기름이 부담스러우면 담백한 목살을 쓰렴.

형! 마라샹궈처럼 원하는 다른 재료를 넣어도 되나요?

메추리알 대신 건두부, 떡, 만두, 버섯, 어묵 등을 넣어도 좋아. 다만 채소를 너무 많이 넣으면 물이 생겨 소스가 묽어지니까 적당히 조절해가며 넣어.

1 땅콩소스용 대파와 청양고추는 다지고, 깨는 곱게 간다.

2 볼에 땅콩소스 재료를 모두 넣고 잘 섞는다.

3 통삼겹살은 엄지손가락 정도 크기로 자른다.

4 달군 팬에 삼겹살을 넣고 중불에서 앞뒤로 노릇하게 굽는다.

5 노릇하게 구운 삼겹살에 메추리알과 마라소스 재료를 모두 넣고 중불에서 뚜껑을 연 채로 조린다.

6 국물이 자박해지고 삼겹살과 메추리알에 양념이 스며들면 숙주를 넣고 강불에서 숨이 죽을 때까지 빠르게 볶는다.

7 마지막으로 깨를 뿌리고 땅콩소스를 곁들이면 완성!

PART 3

평범한 요리도
특별하게 만드는
뚝딱 레시피

난 정말 많은 독자님들이 요리의 재미를 아셨으면 좋겠어. 그러려면 일상적으로 먹던 흔하고 평범한 요리가 팁 하나만으로도 특별해지는 경험을 해보는 것이 좋아. 언제까지 먹던 것만 계속 먹을 거야? 언제까지 남들이랑 똑같이 먹을 거냐고. 평범한 요리에 내가 알려주는 팁만 추가하면 누구보다 빠르게, 남들과는 다르게 요리할 수 있을 거야. 이제 나랑 같이 해보자, 뚝딱!

돼지갈비감자탕

나처럼 감자탕 뼈 발라 먹기 귀찮고 번거로워하는 독자님들을 위해 돼지갈비감자탕을 준비했어. 돼지갈비로 만든 감자탕을 먹어 보면 말이지, 등뼈감자탕과는 다른 매력의 부드러운 식감과 깊은 국물 맛에 '크으~' 하는 감탄사가 절로 나올 거야. 나는 이걸로 와이프를 꼬셨단다.

재료(2인분)

돼지갈비 1.2kg
데친 시래기 300g
김치 1/4포기(600g)
김칫국물 1/2컵(90㎖)
감자 2개
대파 2대
청양고추 4개
고춧가루 2숟가락
깻잎 10장
팽이버섯 50g
들깻가루 취향껏
소고기 다시다 1숟가락

양념

물 1ℓ
된장 2숟가락
고추장 1숟가락
진간장 2숟가락
국간장 2숟가락
맛술 4숟가락
다진 마늘 1숟가락

뚝딱이형에게 배우는 요리 노하우

형! 돼지갈비 잡내 잡는 방법 좀 알려줘요.

우선 30분 이상 찬물에 담가 핏물을 빼고, 흐르는 물에 이물질 없이 깨끗하게 씻어서 잡내를 제거하면 돼.

형! 김치는 어떤 김치로 만들어야 맛있나요?

가능하면 잘 익은 김치! 김칫국물을 같이 넣어야 더욱 깊은 국물 맛이 살아나. 또 김치를 자르지 말고 통으로 넣어서 푹 끓이렴. 길게 찢어 배추의 이파리부터 줄기까지 한 번에 먹는 게 더 맛있어.

형! 잼민이 집에는 시래기 없는데요?

무 시래기 대신 배추 우거지나 알배추를 한 입 크기로 잘라 넣어도 정말 맛있단다.

1. 돼지갈비는 찬물에 담가 1시간 동안 핏물을 뺀 뒤 깨끗하게 씻는다.

2. 냄비에 양념 재료를 모두 넣고 잘 풀어서 강불에서 끓이다가 국물이 끓어오르면 돼지갈비를 넣고 중불에서 30분간 끓인다.

3. 시래기는 9cm 길이로, 대파는 반으로 갈라 7cm 길이로, 감자는 한입 크기로, 깻잎은 반으로 썬다.

4. 팽이버섯은 밑동을 잘라내고 손으로 찢는다.

5. 김치, 김칫국물, 고춧가루, 시래기, 대파, 청양고추를 넣고 잘 섞은 뒤 중약불에서 30분 더 끓인다.

6. 감자를 넣고 약불에서 10분 정도 더 끓인다.

다시다는 취향껏 넣으면 돼.

7. 깻잎, 팽이버섯, 들깻가루, 소고기 다시다를 넣고 살짝 더 끓이면 완성!

RECIPE 61

닭떡볶이

잼민아, 닭볶음탕도 먹고 싶은데 즉석떡볶이도 먹고 싶은 날 있지 않니? 닭볶음탕 같은데 떡이랑 어묵이 무지 많고, 즉석떡볶이인데 닭볶음탕의 풍미가 느껴지는 음식이 있어. 바로 요즘 SNS에서 난리 난 닭떡볶이야. 너무 맛있어서 장사라도 해볼까 싶어지는 레시피를 알려줄게.

재료 (3인분)

닭다리살 600g
떡 300g
어묵 250g
양배추 300g
대파 2대
양파 100g
청양고추 2개
깻잎 8장
물 3컵(540㎖)
다시마 1조각

양념

갈아만든 배 1컵(180㎖)
진간장 1/2컵(90㎖)
고춧가루 4숟가락
고추장 2숟가락
맛술 2숟가락
다진 생강 1/3숟가락
다진 마늘 2숟가락
설탕 2숟가락
소고기 다시다 1/2숟가락
미원 1/3숟가락

뚝딱이형에게 배우는 요리 노하우

형! 배 음료수를 넣는 이유는 무엇인가요?

배를 넣으면 고기에 연육작용을 할 뿐만 아니라 자연스러운 단맛을 끌어올려 더욱 맛있게 만들 수 있는데, 배 음료수로도 간단하게 그 맛을 표현할 수 있단다. 양념에 배가 들어가는 각종 요리에 이 음료수는 아주 유용하게 쓰여. 배 음료수가 없다면 배 1/4쪽이나 양파 1/2개를 강판이나 믹서에 갈아서 넣으면 돼.

형! 사리를 맘껏 넣을 수 있는 특권이 있다던데요?

그렇지~ 맞는 말만 하는구나. 즉석떡볶이 인기 재료인 삶은 계란, 만두, 수제비 등은 채소를 넣을 때 같이 넣으면 돼. 라면사리, 쫄면사리, 우동사리도 추가하고 싶으면 양파가 반 이상 익었을 때 넣고 면이 거의 다 익었을 때 깻잎과 청양고추를 넣어 마무리하면 돼.

1 닭다리살을 먹기 좋은 크기로 썬다.

2 볼에 손질된 닭다리살과 떡, 양념 재료를 모두 넣어 잘 버무린 뒤 냉장고에서 2시간 동안 재운다.

3 어묵과 양배추는 한입 크기로, 대파는 반으로 갈라 7cm 길이로 썬다.

4 양파는 채 썰고, 청양고추는 송송, 깻잎은 돌돌 말아 채 썬다.

5 냄비에 물과 다시마를 넣고 강불로 끓인다.

6 물이 끓으면 다시마를 건져내고, 재워둔 닭다리살과 떡, 어묵을 넣고 끓인다.

7 국물이 끓어오르면 양파, 양배추, 대파를 넣는다.

8 양파가 투명해지면 청양고추와 깻잎을 넣고 2분간 더 끓이면 완성!

RECIPE 62

매운돼지갈비찜

재료(4인분)

돼지갈비 2kg
감자 2개(160g)
당근 1개(100g)
대파 2대
새송이버섯 1개
팽이버섯 50g

갈비삶기
맥주 500㎖
통후추 1숟가락
설탕 1숟가락

청양고추베이스
물 2컵(360㎖)
무 300g
청양고추 10개
양파 1개

갈비양념
진간장 100㎖
맛술 50㎖
고추장 3.5숟가락
고춧가루 8숟가락
설탕 5숟가락
다진 마늘 5숟가락
다진 생강 1/3숟가락
순후추 1/3숟가락
소고기 다시다 1/2숟가락
미원 1/3숟가락

대구에서 세 시간 줄 서서 먹은 매운돼지갈비찜의 맛을 잊을 수 없어서 무려 다섯 번을 방문하고 만들어낸 매운 돼지갈비찜 레시피를 알려줄게. 군더더기 없이 깔끔하게 맵고, 강렬한 감칠맛이 입을 휘감는 중독적인 맛으로, 한 번도 안 해 먹어본 사람은 있어도 한 번만 해 먹은 사람은 없는 레시피란다.

뚝딱이형에게 배우는 요리 노하우

형! 청양고추가 너무 많은 것 아닌가요?

대구식 매운돼지갈비찜의 맵기를 맞추려면 이 정도는 들어가야 되더라고. 매운 정도는 취향에 따라 청양고추의 양을 조절해서 넣으면 돼. 많이 먹어 잼민아, 뚝딱!

형! 매운돼지갈비찜 성공 꿀팁 좀 알려주세요!

사실 양념을 한 번에 모두 넣고 끓이는 조리법이라 요리 초보자도 실패 없이 성공할 수 있는 쉬운 레시피야. 다만 재료를 모두 넣고 약불로 조리는 과정에서 양념이 눌어붙지 않게 중간중간 잘 섞는 것이 중요해. 돼지갈비를 맥주에 삶고 씻어서 사용하기 때문에 핏물을 따로 뺄 필요도 없어. 그래서 더욱더 초보자도 실패할 수 없는 레시피란다.

1 감자와 당근은 한입 크기로, 대파는 반으로 갈라 7cm 길이로, 새송이버섯은 세로로 길게 썬다.

2 팽이버섯은 밑동을 잘라내고 손으로 찢는다.

3 냄비에 갈비삶기 재료를 모두 넣고 끓이다가 맥주가 끓어오르면 바로 돼지갈비를 넣고 딱 5분간 삶은 뒤 찬물에 씻는다.

잼민이 기강을 잡아줄 소스야.

4 믹서에 청양고추베이스 재료를 모두 넣고 곱게 갈아 체에 거른다.

5 냄비에 삶은 돼지갈비, 청양고추베이스, 갈비양념 재료를 모두 넣어 잘 섞는다.

6 약불에서 40분 동안 뒤집어가며 천천히 끓인다.

7 마지막으로 감자, 당근, 대파, 새송이버섯, 팽이버섯을 넣고 채소가 완전히 익을 때까지 끓이면 완성!

RECIPE 63

간장돼지갈비찜

마트에서 천 원이면 살 수 있는 비밀의 재료를 알려줄게. 이 재료 딱 2숟가락을 넣었더니 친구들에게 배달음식으로 오해받은 간장돼지갈비찜 비법 레시피야. 청양고추 양만 조절하면 남녀노소 누구나 맛있게 먹을 수 있는 부드럽고 달콤 짭짤한, 근사한 고기 요리가 될 거야.

재료(4인분)

돼지갈비 2kg
감자 2개
당근 1개
대파 1대
청양고추 2개
표고버섯 2개(40g)
순후추 조금

양념
진간장 240㎖
양파 1개(150g)
통조림 파인애플 3조각(200g)
무 250g
생강 5g
다진 마늘 2.5숟가락
콜라 180㎖
설탕 40g
맛술 50㎖
춘장 2숟가락

뚝딱이형에게 배우는 요리 노하우

형! 갈비찜인데 춘장은 대체 왜 쓰나요?

비밀의 재료가 바로 춘장이야. 요리에 춘장을 1~2숟가락 넣으면 감칠맛은 물론 진한 갈색을 내서 더욱 먹음직스럽게 만들 수 있어. 이 레시피의 키포인트란다. 남은 춘장은 냉동 보관해 두고 간장찜닭 같은 간장 베이스의 조림 요리에 활용하면 딱이야!

형! 마음이 급해서 양념에 재우기가 싫어요!

잼민이도 영락없는 한국인이구나! 양념장을 붓고 바로 조리해도 충분히 맛있지만 냉장고에서 하루 정도 숙성시키면 고기가 더욱 부드러워지고 양념이 배어 더 맛있어진단다! 시간 여유가 있다면 풍미를 위해 재우는 걸 추천해.

형! 파인애플을 넣는 이유가 있나요?

파인애플에 많은 브로멜린이라는 분해 효소는 고기를 연하게 만드는 작용을 해서 더욱 부드러운 고기 식감을 낼 수 있어. 파인애플이 없으면 같은 양의 배를 넣어도 돼.

형! 마실 것도 모자란데 왜 콜라를 넣나요?

이런 데는 마시다 남은 김 빠진 콜라나 배달음식 리뷰 이벤트로 받은 콜라를 넣는 것이 국룰이지. 콜라는 갈비찜의 단맛과 진한 색깔까지 책임지는 일당백 재료니까 한번 넣어봐.

1. 돼지갈비는 찬물에 담가 1시간 동안 핏물을 뺀 뒤, 깨끗하게 씻는다.

2. 믹서기에 양념 재료를 모두 넣고 곱게 갈아 갈비양념을 만든다.

하루 정도 숙성시켜도 좋아.

3. 핏물을 뺀 돼지갈비에 양념을 부어 냉장고에서 30분간 재워둔다.

4. 당근과 감자는 큼직하게, 대파는 반으로 갈라 7cm 길이로, 청양고추는 어슷하게 썬다. 표고버섯은 먹기 좋은 크기로 썬다.

5. 냄비에 재워둔 고기를 붓고 중불에서 끓인다.

6. 양념이 끓으면 당근, 감자, 대파, 청양고추를 넣고 40분간 더 끓인다.

7. 마지막으로 표고버섯을 넣고 후추를 뿌린 뒤, 버섯이 익을 때까지 한 번 더 끓이면 완성!

RECIPE 64
국물 없는 김치찌개

지금 이 요리 제목을 보고 '아니 찌개가 국물이 없으면 무슨 맛으로 먹어?' 하는 독자님들이 있을 거야. 진짜로 날 믿고 한 번만 만들어봐. 김치찌개보다는 국물이 적지만 김치찜보다는 국물이 많아서 밥에 쓱쓱 비벼 먹으면 이만한 밥도둑도 없어. 중독되면 약도 없단다.

재료(2인분)

돼지고기(앞다리살) 500g
김치 400g
두부 1모
양파 1/2개
청양고추 2개
대파 1대
시판 사골육수 350㎖
식용유 2숟가락
고춧가루 3숟가락
된장 1숟가락
고추장 1숟가락
소고기 다시다 1/2숟가락

고기밑간

국간장 3숟가락
맛술 3숟가락
다진 마늘 2숟가락
다진 생강 1/3숟가락
통후추 조금

뚝딱이형에게 배우는 요리 노하우

형! 돼지고기는 어떤 부위를 넣어야 맛있나요?

기름기 없는 담백한 맛을 원한다면 목살이나 뒷다리살을, 기름기 있는 맛을 원한다면 비계가 많은 삼겹살을 쓰면 돼. 나는 개인적으로 앞다리살이 비계보다 살코기가 많아도 비교적 부드러운 부위이기 때문에 김치찌개용으로 추천해.

형! 왜 귀찮게 고기를 달달 볶나요?

기름에 고기를 볶는 과정에서 큰 분자의 단백질이 작은 분자로 분해되면서 전체적으로 맛과 향이 풍부해진단다. 또한 고기 자체에 미리 간을 해서 볶아야 국물에만 간을 하는 것보다 더욱 맛있게 만들 수 있어.

형! 신김치로 만들어도 되나요?

톡 쏘는 신김치라면 신맛을 잡기 위해 볶을 때 설탕 1/2숟가락을 넣으면 돼. 많이 먹어, 잼민아. 뚝딱!

1 돼지고기는 한입 크기로 자른다.

2 볼에 돼지고기와 밑간 재료를 모두 넣고 조물조물 버무린 뒤 30분 이상 재워둔다.

3 양파는 채 썰고, 대파와 청양고추는 송송, 두부는 한입 크기로 썬다.

4 김치는 국물을 가볍게 짠 뒤 한입 크기로 자른다.

5 달군 팬에 식용유를 두르고 재워둔 돼지고기와 양파를 넣고 약불에서 타지 않게 볶는다.

6 돼지고기의 겉면이 익으면 김치, 고춧가루, 된장, 고추장을 넣고 타지 않게 잘 섞어가며 볶는다.

다시다는 취향껏 넣으면 돼.

7 사골육수를 넣고 중불에서 끓이다가 국물이 끓으면 두부와 소고기 다시다를 넣고 잘 섞는다.

8 마지막으로 대파와 청양고추를 넣고 한 번 섞으면 완성!

등갈비김치찌개

RECIPE 65

이번에는 김치찌개계의 명품, 개인적으로 프리미엄 김치찌개라고 부르고 싶은 등갈비김치찌개 레시피를 준비했어. 비싼 등갈비를 넣은 만큼 맛있어야 한다고 생각하지 않니? 등갈비와 김치의 조합은 먹어보면 바로 증명되기에 더 이상의 설명은 생략하고 빨리 알려줄게!

재료(3인분)

등갈비 1kg
김치 600g
두부 300g
청양고추 2개
대파 1대

갈비삶기
물 1.5ℓ
멸치(육수용) 10마리
다시마 4g
된장 1숟가락
생강 5g

찌개양념
김칫국물 50㎖
고춧가루 5숟가락
멸치액젓 4숟가락
맛술 2숟가락
다진 마늘 1.5숟가락
소고기 다시다 1/2숟가락

뚝딱이형에게 배우는 요리 노하우

형! 등갈비는 어떤 것을 써야 하나요?

냉장 등갈비면 잡내 없고 깔끔한 등갈비 김치찌개를 만들 수 있어. 냉동 등갈비를 쓴다면 누린내나 잡내가 없도록 삶기 전에 소주, 월계수잎, 통후추를 넣고 한 번 데친 후 찬물로 씻어 쓰면 된단다.

형! 우리 집에 멸치가 없어요!

그럼 물은 1ℓ로 줄이고 시판 사골육수 한 팩(500㎖)을 넣으면 돼. 둘 다 없으면 생략하고 갈비의 풍미를 믿어보자.

형! 신김치로 만들어도 되나요?

이 레시피는 적당히 익은 김치로 만들 때 가장 맛있게 먹을 수 있어. 신김치라면 톡 쏘는 신맛을 중화하기 위해 설탕을 1/2숟가락 넣고, 김칫국물도 조금 적게 넣으면 된단다.

형! 우리 엄마는 등갈비김치찜으로 만들고 싶으시대요!

국물이 자박자박한 등갈비김치찜으로 만들고 싶으면 멸치액젓의 양을 줄이고, 국물이 졸아들 때까지 더 오래 끓이면 돼. 국물이 많은 김치찌개와 같은 양으로 멸치액젓을 넣으면 많이 짜니까 간을 봐가며 양을 조절하라고 꼭 전해줘.

1 돼지 등갈비는 찬물에 1시간 정도 담가 핏물을 뺀 다음, 1대씩 자른다.

2 대파와 청양고추는 송송, 두부는 한입 크기로 자른다.

물 위에 떠오르는 불순물은 걷어내 줘. 다시팩에 다시마, 멸치, 생강을 넣어 사용하면 편리해.

3 냄비에 등갈비와 갈비삶기 재료를 모두 넣고 중불에서 15분간 삶는다.

4 다시마, 멸치, 생강은 건지고 김치와 찌개양념 재료를 모두 넣고 끓인다.

5 국물이 끓어오르면 김치를 한입 크기로 자른 뒤 두부를 넣는다.

6 마지막으로 대파와 청양고추를 넣고 약불에서 1시간 동안 뭉근히 끓이면 완성!

RECIPE 66
찜닭

집에 있는 기본 재료만을 활용해서 조리법만 살짝 바꿔도 찜닭 전문점 맛 물씬 나는 마약찜닭을 만들 수 있다는 사실을 다들 알고 있니? 시켜 먹는 찜닭이 질릴 때, 오늘 내가 알려주는 비법 찜닭 레시피를 추천해. 이 레시피로 한번 해 먹고 나면 앞으로 너의 찜닭 레시피는 이게 될 거야.

재료(3인분)

닭(볶음탕용) 1마리(1kg)
넓적당면 30g
마늘 10알
당근 50g
감자 1개
양파 1/2개
청양고추 2개
대파 1대
식용유 5숟가락
물 1컵(180㎖)
참깨 1숟가락

조림양념
진간장 6숟가락
설탕 2숟가락
춘장 1숟가락
생강 슬라이스 4g

마무리양념
다진 마늘 1숟가락
물엿 1숟가락
소고기 다시다 1/2숟가락
순후추 조금

뚝딱이형에게 배우는 요리 노하우

형! 찜닭에 춘장을 넣는 이유가 무엇인가요?

춘장은 밖에서 사 먹는 찜닭의 감칠맛 비법이라고 할 수 있어. 먹음직스러운 갈색을 낼 뿐만 아니라 춘장 특유의 감칠맛을 더해줘. 한식 간장이 베이스인 요리에서 춘장은 비법 양념 재료로 많이 사용된단다. 활용도가 높으니까 이번 기회에 사두는 것도 나쁘지 않아. 춘장이 없다면 대신 굴소스 2숟가락을 넣어도 된단다.

형! 넓적당면 말고 그냥 당면은 안 되나요?

당연히 가능하지. 일반 당면 30g을 2시간 동안 미지근한 물에 불려 넣으렴.

형! 큰일 났어요, 당면이 집에 없어요!

우리 잼민이 많이 놀랐구나. 당면 대신 떡을 넣어도 된단다.

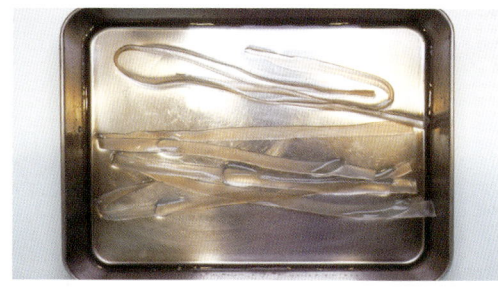

1. 넓적당면은 미지근한 물에서 약 1시간 동안 미리 불려둔다.

2. 당근, 양파, 감자는 먹기 좋은 크기로, 대파는 반으로 갈라 5cm 길이로, 청양고추는 송송 썬다.

3. 달군 팬에 식용유를 두른 뒤 마늘과 닭을 넣고 중불에서 닭의 껍질이 노릇해질 때까지 앞뒤로 뒤집어가며 굽는다.

4. 구운 닭에 조림양념 재료를 모두 넣고 중불에서 양념이 잘 배어들게 조린다.

5. 국물이 자박자박할 정도로 줄어들면 물, 당근, 감자, 양파, 청양고추, 대파를 넣고 끓인다.

6. 감자가 익으면 마무리양념 재료를 모두 넣고 잘 섞은 뒤 불린 당면을 넣고 5분 정도 더 끓인다.

7. 마지막으로 깨를 뿌리면 완성!

RECIPE 67
간장닭조림

튀김이라고 도망가지 말고 제발 한 번만 해 먹어봐. 우리 구독자님들이 치킨 요리 중 BEST라고 하더라고. 팔아도 될 정도로 맛있다고 칭찬해주신 튀긴 닭을 이용한 간장닭조림 레시피야. 닭봉을 좋아하는 사람이라면 반드시 좋아할 요리란다. 어른들 술안주로도, 청양고추만 빼면 잼민이 같은 아이들의 간식으로 큰 활약을 할 거야.

재료(1인분)

닭봉 500g
감자전분 적당량
식용유 적당량
대파 1/3대
청양고추 1개

간장소스

진간장 25㎖
물엿 25㎖
맛술 50㎖
다진 마늘 1숟가락
굴소스 1숟가락

뚝딱이형에게 배우는 요리 노하우

형! 엄마가 기름 튄다고 하기 싫대요!

기름에 튀기기 귀찮다면 전분옷을 입힌 닭에 식용유를 바른 뒤 180도로 예열한 에어프라이어에 10분 굽고, 뒤집어서 10분 더 구우면 된단다. 하지만 치킨은 뭐니뭐니 해도 기름에 바삭하게 튀겨야 가장 맛있는 법이기에 나는 기름에 튀기는 조리법을 추천해!

형! 기름 온도가 적당한지는 어떻게 알 수 있어요?

기름에 튀김용 나무젓가락 끝을 넣어봐. 젓가락 주위로 작은 기포가 여러 개 뽀글뽀글 올라오면 적당히 달궈진 거야.

형! 꼭 냉장 닭을 사용해야 하나요?

다른 건 몰라도 닭날개와 닭봉은 냉장과 냉동의 가격 차이가 심하지 않으니까 잡내 없이 신선한 냉장 닭을 사용하는 것이 좋아.

1 대파와 청양고추는 송송 썬다.

2 닭봉은 살이 안 보이도록 감자전분을 넉넉히 묻힌다.

3 팬에 닭이 잠길 만큼 식용유를 붓고 중불에서 예열한다. 닭봉을 7분간 튀긴 다음 건져서 체에 밭쳐 기름을 충분히 뺀다.

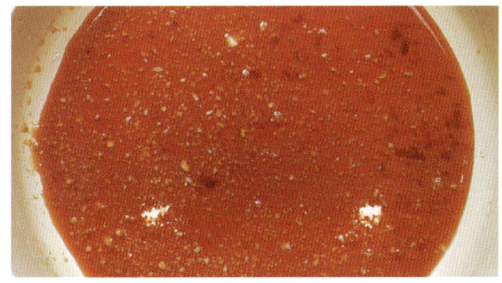

4 팬에 간장소스 재료를 모두 넣고 약불에서 저어가며 끓인다.

5 소스가 끓으면 튀겨놓은 닭봉을 넣고 강불에서 빠르게 섞어가며 볶는다.

6 소스가 닭봉에 배어들어 수분이 없어지면, 대파와 청양고추를 넣고 한 번 섞으면 완성!

RECIPE 68

계란볶이

떡볶이 국물에 으깨서 먹는 계란이 너무 좋아서 비법 떡볶이소스에 계란만 잔뜩 넣어 계란볶이를 만들어 봤어. 나처럼 평소 떡볶이 속 계란이 적어서 아쉬웠던 사람이라면 떡볶이 국물 속 계란을 풍족하게 즐길 수 있을 거야. 오래 끓인 떡볶이처럼 진한 맛의 소스를 간단히 만드는 비법을 알려줄게!

재료(4인분)

계란 10개
소금 1숟가락
식초 2숟가락
대파 1/2대
홍고추 1개
청양고추 1개
참깨 2숟가락

어묵육수베이스
어묵 50g(1장)
물 250㎖

떡볶이소스
고추장 1.5숟가락
고춧가루 2숟가락
진간장 2숟가락
다진 마늘 1숟가락
굴소스 1숟가락
물엿 4숟가락

뚝딱이형에게 배우는 요리 노하우

형! 어묵을 갈아 육수를 만든다고요?

원래 떡볶이 국물은 어묵에서 나오는 감칠맛 덕에 더욱 깊은 맛을 내는 거란다. 떡볶이소스에 찍어 먹는 계란 맛을 재현한 레시피니까 어묵이 들어간 걸쭉한 떡볶이소스의 맛을 따라잡기 위해 어묵을 아예 갈아 넣었지.

형! 잼민이는 계란 말고 다른 재료도 넣고 싶어요!

감칠맛 가득한 떡볶이소스니까 떡, 만두, 치즈 등 떡볶이에서 골라 먹던 재료들을 잔뜩 넣어 먹으렴.

형! 이건 딱 밥도둑각인데요?

우리 잼민이 맛잘알이구나. 따끈한 밥에 계란 딱 얹고 참기름 한 바퀴 돌려서 비벼 먹으면 정말 맛있단다.

1 대파, 홍고추, 청양고추는 얇게 송송 썬다.

2 계란이 잠길 정도의 물에 소금과 식초, 계란을 넣어 강불에서 6분간 삶고 껍질을 깐다.

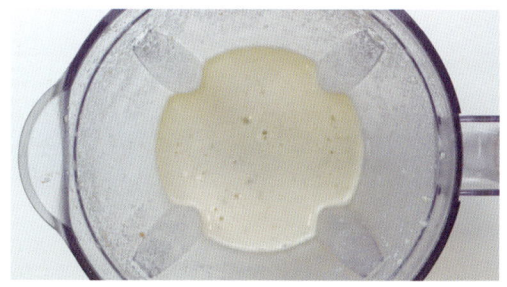

3 믹서에 어묵과 물을 넣고 어묵 입자가 보이지 않을 정도로 곱게 갈아 어묵육수베이스를 만든다.

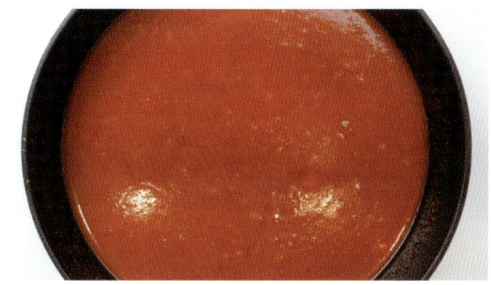

4 냄비에 어묵육수베이스와 소스 재료를 모두 넣고 약불에서 저어가며 끓여 떡볶이소스를 만든다.

5 떡볶이소스가 끓어오르면 계란, 대파, 홍고추, 청양고추를 넣고 약불에서 잘 저어가며 10분간 소스가 걸쭉해질 때까지 끓인다.

6 마지막으로 깨를 뿌리면 완성!

RECIPE 69

버터치킨카레

지금 카레라는 제목만 보고 도망가지 말고 내 말 좀 들어봐 줘. 네가 오랫동안 카레를 싫어한 이유는 맛있는 카레를 못 먹어봤기 때문이래. 원래 맛있는 카레를 만들기 위해서는 많은 시간이 걸리지만, 나는 극강의 효율파란다. 짧은 시간 안에 가장 맛있는 카레를 만드는 방법을 연구한 끝에 탄생한 레시피를 소개할게. 시작!

재료(4인분)

닭다리살 600g
양파 300g
버터 50g
올리브유 3숟가락
다진 마늘 1숟가락
다진 생강 1/3숟가락
파슬리가루 약간

카레소스
카레가루 100g
맛소금 1/2숟가락
파프리카가루 1숟가락
플레인요거트 80g

크림소스
물 3컵(540㎖)
치킨스톡 1숟가락
토마토소스 140㎖
생크림 180㎖

뚝딱이형에게 배우는 요리 노하우

형! 저는 채소도 넣어서 건강하게 먹고 싶어요!

잼민이가 건강도 생각하고 웬일이니. 채소를 더 넣고 싶다면 말리지 않지! 이 카레에는 특히 양송이버섯이나 새송이버섯이 잘 어울린단다.

형! 양파 볶으려니까 팔이 아픈데요!

잼민아, 이게 바로 그 유명한 캐러멜라이징이야. 나는 이 과정이 카레를 맛있게 만들기 위한 인고의 시간이라고 생각해. 양파를 볶으면서 나오는 풍미와 은은한 단맛을 최대한 끌어올리기 위해서는 팔이 아프더라도 오랫동안 약불에서 볶는 과정이 반드시 필요하단다.

형! 버터를 넣는데 왜 올리브유도 넣어요?

양파가 많아서 버터만으로는 부족해. 풍미를 위해서도 둘 다 넣는 게 좋아.

1 볼에 닭다리살과 카레소스 재료를 넣고 잘 버무린 뒤 잠시 재워둔다.

2 양파는 채 썬다.

포기하지 말고 볶아봐.

계속 약불이야.

3 팬에 버터를 넣고 약불로 녹인다. 올리브유, 다진 마늘, 다진 생강, 양파를 넣고 약불에서 양파가 갈색이 될 때까지 천천히 볶는다.

4 볶은 양파에 재워둔 닭다리살을 넣고 천천히 볶는다.

5 타기 직전까지 볶다가 크림소스 재료를 넣고 약불에서 잘 섞어가며 10분간 끓인다.

6 마지막으로 파슬리가루를 뿌리면 완성!

RECIPE 70

유자등갈비조림

추운 겨울에 사서 며칠 먹다가 냉장고 한구석에 방치한 유자청을 꺼내봐. 고급스러운 유자등갈비조림 레시피를 준비했거든. 유자청으로 자연스러운 향긋함과 단맛을 낼 뿐만 아니라 잡내 없는 등갈비조림을 만들 수 있단다.

재료(2인분)

등갈비 1kg
대파 1대
순후추 1/3숟가락
미원 1/2숟가락
참깨 1숟가락

갈비삶기
월계수잎 2장
통후추 1/2숟가락
생강 5g

조림양념
물 180㎖
진간장 90㎖
유자청 5숟가락
굴소스 1숟가락

뚝딱이형에게 배우는 요리 노하우

형! 잡내 없이 등갈비 삶는 방법 알려주세요!

뼈에 붙은 고기인 만큼 잡내 제거가 중요해. 월계수잎, 통후추, 생강 등 잡내를 없앨 수 있는 재료들을 넣고 푹 삶아야 해. 삶으면서 물 위로 떠오르는 불순물은 중간중간 걷어줘.

형! 집에 월계수잎이 없는데요?

월계수잎이 없다면 잡내를 제거할 수 있는 다른 재료로 대체하면 되지. 등갈비를 삶을 때 월계수잎 대신 인스턴트 블랙커피를 약 1g 정도 넣어줘. 소주도 좋아.

형! 레시피 성공 꿀팁 좀 알려주세요.

우선, 유자청의 양을 조절해 가면서 넣어야 해. 유자청마다 유자 함량, 당도 등이 다르니 한 번에 모두 넣기보다 맛을 봐가며 취향에 맞게 조절하는 것이 좋아. 그리고 유자청을 넣고 조리는 과정에서 팬에 눌어붙고 타기 쉬우니까 반드시 약불로 잘 섞어가며 조리는 것이 키포인트!

형! 저는 맵게 만들어 주세요.

우리 잼민이 다 컸구나. 조금 더 매운맛을 원하면 청양고추 1개를 작게 다져서 대파 넣을 때 같이 넣어! 유자와 고추는 은근 잘 어울리는 조합이란다.

떠오르는 거품은 걷어내.

1. 끓는 물에 등갈비와 삶기 재료를 모두 넣고 중불에서 30분간 삶은 뒤 찬물에 한 번 씻어낸다.

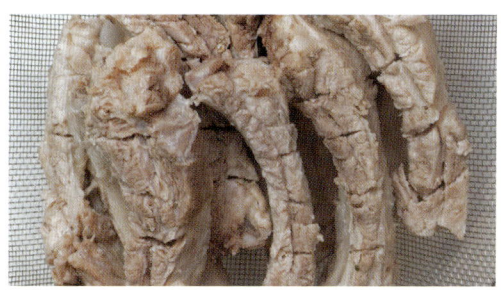

2. 삶은 등갈비는 체에 밭쳐 물기를 뺀 뒤, 양념이 잘 배도록 살에 2cm 간격으로 칼집을 넣는다.

3. 팬에 삶은 등갈비와 조림양념 재료를 모두 넣고 약불에서 천천히 조린다.

4. 대파는 얇게 송송 썬다.

5. 소스가 조금 남은 상태에서 대파, 후추, 미원을 넣고 수분이 모두 없어질 때까지 조린다.

형! 이게 끝이면 너무 간단한데요?
쉽고 간단한 게 내 레시피의 특징이란다. 많이 먹어. 잼민아. 뚝딱!

6. 마지막으로 불을 끄고 깨를 뿌리면 완성!

RECIPE 71
낙지볶음

낙지볶음을 만들면 물이 많이 생겨 낙지볶음이 아닌 낙지찌개가 된다고 속상해하는 분들을 위해 이 레시피를 준비했어. 다들 낙지볶음만큼은 사 먹어야 한다고 생각하던데 오늘 알려주는 레시피라면 집에서도 충분히 사 먹는 것 못지않은 맛을 낼 수 있단다.

재료(2인분)

절단낙지 400g(약 2마리)
양배추 100g
양파 1/2개
대파 1대
청양고추 3개
식용유 2숟가락
참기름 1숟가락
참깨 1숟가락

낙지양념

진간장 2.5숟가락
고춧가루 4숟가락
물엿 2숟가락
설탕 1/2숟가락
굴소스 1.5숟가락
순후추 1/4숟가락
미원 1/4숟가락
다진마늘 2숟가락
감자전분 1숟가락

뚝딱이형에게 배우는 요리 노하우

형! 낙지볶음 성공 꿀팁 알려주세요.

채소와 낙지에서 수분이 많이 빠져 나오는 것을 막기 위해 최대한 강불을 유지하며 3분 안에 빠르게 볶아야 한단다. 팔이 아프더라도 맛있는 낙지볶음을 위해 3분 정도는 참을 수 있겠지?

형! 냉동 낙지 써도 되나요?

낙지볶음에 생낙지는 사치란다. 냉동 절단낙지면 충분해. 손질도 편하고 맛도 좋고 가격도 저렴해.

형! 감자전분을 넣는 이유가 뭔가요?

감자전분은 농도를 조절할 때 요긴하게 쓰이는 재료야. 낙지와 채소에서 나오는 수분을 잡아주는 역할을 한단다.

형! 가족은 4명인데 레시피 기준 2배로 하면 되나요?

모든 재료는 2배로 계량해서 넣어줘. 단, 주의할 점이 있어. 2배로 계량해서 양념한 낙지를 한 번에 볶지말고 2인분씩 나눠서 볶아야 해. 업소에서는 불이 쎄서 한번에 휘리릭 볶아도 되지만 집에서는 화력이 약해 물이 생길 수 있단다.

형! 더 맛있게 먹는 방법이 있다면서요!

매운맛을 중화시키는 대표 선수인 소면과 콩나물을 곁들이면 더욱 맛있단다. 콩나물과 소면은 따로 삶아 곁들이면 돼.

1 양배추는 한입 크기로, 양파는 채 썰고, 대파와 청양고추는 송송 썬다.

2 볼에 손질된 낙지와 청양고추, 양념 재료를 모두 넣고 잘 버무린다.

3 팬에 식용유를 두르고 대파를 볶다가 양배추와 양파를 넣고 강불에서 빠르게 볶는다.

4 양파가 살짝 투명해지면 양념해둔 낙지를 넣고 강불에서 3분 안에 빠르게 볶는다.

5 마지막으로 참기름을 두른 뒤 깨를 뿌리면 완성!

RECIPE 72
분식집떡볶이

누군가 나에게 추억의 음식 하나만 골라보라고 하면 어릴 적 학교 앞에서 파는 분식집떡볶이를 고르겠어! '아는 맛이 무섭다' 라는 말은 바로 이럴 때 쓰는 것이 아닐까? 국물떡볶이의 유행 때문에 요즘은 쉽게 찾아볼 수 없지만 꾸덕꾸덕한 소스가 매력적인 분식집 st. 떡볶이 레시피를 알려줄게.

재료(2인분)

쌀떡 200g
어묵 3장
대파 1대
삶은 계란 2개
물 2컵(360㎖)

떡볶이소스
고운 고춧가루 1/2컵(90g)
물엿 6숟가락
설탕 1숟가락
진간장 1숟가락
고추장 1/2숟가락
찹쌀가루 1숟가락
소고기 다시다 1숟가락
순후추 1/5숟가락
미원 1/4숟가락

뚝딱이형에게 배우는 요리 노하우

형! 떡볶이에 찹쌀가루도 넣어요?

꾸덕꾸덕한 떡볶이의 핵심 재료야! 찹쌀가루가 없을 때는 밀가루 1숟가락으로 대체 가능하단다.

형! 잼민이 좋아하는 소시지도 넣고 싶어요!

집에서 해 먹을 때는 원하는 재료를 팍팍 넣어 먹는 맛이 있지! 소시지, 튀김, 치즈 등 떡볶이소스와 어울리는 재료들을 취향껏 넣으면 더욱 맛있게 만들 수 있단다.

형! 맛있게 만들 수 있는 꿀팁 좀 알려주세요!

완성된 소스는 냉장고에서 12시간에서 하루 정도 숙성시키면 감칠맛이 한층 더 살아난단다. 숙성을 하지 않으면 자칫 고춧가루 특유의 풋내가 날 수 있으니, 되도록 숙성시켜서 더 맛있는 떡볶이를 만들어보자!

1 볼에 떡볶이소스 재료를 모두 넣어 잘 섞은 뒤 냉장고에서 하루 동안 숙성시킨다.

2 어묵은 한입 크기로, 대파는 어슷하게 자른다.

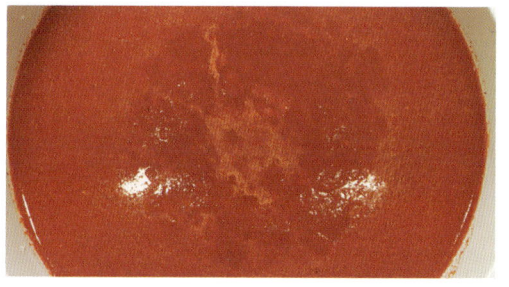

3 냄비에 물과 소스를 모두 넣고 잘 푼 뒤 강불에서 끓인다.

형! 어릴 때 먹던 떡볶이가 생각나네요.

4 소스가 끓기 시작하면 떡을 넣고 끓인다.

잼민이 어릴 때면 이유식으로 먹은 거니?

5 떡이 익으면 어묵, 삶은 계란, 대파를 넣고 떡볶이소스가 꾸덕해질 때까지 끓이면 완성!

RECIPE 73

항정살꽈리고추조림

오늘은 고급요리 중 하나인 항정살꽈리고추조림 레시피를 알려줄게. 거짓말 하나 안 보태고 이 요리 덕분에 꽈리고추가 이렇게 맛있는 식재료인 줄 처음 알았잖아! 항정살 위에 꽈리고추 하나 딱 올려 먹으면 초보자가 만들어도 고급스러운 맛이 난단다. 식탁에 올리는 순간 부잣집 느낌이 물씬 날 거야.

재료(3인분)

통항정살 600g
꽈리고추 200g

조림양념
물 2컵(360㎖)
진간장 120㎖
맛술 120㎖
설탕 4숟가락
굴소스 2숟가락
생강 슬라이스 5g
후추 1/2숟가락

뚝딱이형에게 배우는 요리 노하우

형! 항정살은 수입산을 써도 되나요?
양념에 조리기 때문에 비교적 저렴한 수입산을 써도 충분히 맛있게 만들 수 있단다. 냉동도 괜찮아.

형! 고기를 얇게 써는 이유가 따로 있나요?
항정살은 쫄깃쫄깃한 식감의 고기이기 때문에 크게 썰면 질길 수가 있어. 한입 크기로 얇게 써는 것이 가장 맛있더라고.

형! 청양고추를 안 쓰니까 이제 꽈리고추를 쓰는 건가요?
달콤 짭짤하고 꾸덕한 찜이나 조림 양념에는 꽈리고추가 압도적으로 잘 어울려! 꼭 시도해보길 바랄게. 너무 익히면 말캉해지니까 딱 5분만 볶아야 돼!

형! 마트에 통항정살이 없어요.
나는 인터넷으로 구매했어. 요즘은 온라인 정육점도 잘 되어있어서 가격 비교하면서 구매하는 것도 좋아. 코스트코에도 파니까 참고해.

형! 알마늘도 넣으면 맛있을 것 같아요!
오늘도 한국인 인증하는 잼민이구나. 너는 어디 잼 씨니? 조림양념 재료를 넣을 때 알마늘 50g도 함께 넣고 조리면 돼.

1 꽈리고추는 손으로 꼭지를 뗀다.

2 달군 팬에 통항정살을 올려 중불에서 앞뒤로 노릇노릇하게 굽는다.

3 구운 항정살에 조림양념 재료를 모두 넣고 중불에서 30분간 뒤집어가며 조린다.

5분 볶으면 아삭아삭, 8분 볶으면 말랑한 식감이 된단다.

4 양념이 살짝 남았을 때 항정살은 건져두고, 꽈리고추를 넣어 양념이 꾸덕해질 때까지 볶는다.

5 항정살을 얇게 썰어 볶은 꽈리고추와 함께 접시에 올리고 양념을 뿌리면 완성!

RECIPE 74

쫄면

한때 쫄면에 빠져 맛있다고 소문난 온갖 쫄면 맛집은 다 돌아다녀봤지만, 내 입맛에는 시장에 있는 분식집 스타일 쫄면이 가장 맛있더라고! 시장 분식집 느낌의 새콤달콤한 쫄면 레시피를 알려줄게! 내가 알려주는 레시피대로 한번 해 먹고 나면 앞으로 쫄면은 꼭 이렇게 해 먹게 될 거야.

재료(1인분)

쫄면 200g
콩나물 50g
깻잎 4장
양배추 20g
오이 20g
참기름 1숟가락
참깨 1/2숟가락

비빔장(3인분)

사과 150g
양파 40g
마늘 4알
청양고추 1개
진간장 1숟가락
고추장 5숟가락
식초 4숟가락
참깨 1숟가락
매실청 3숟가락
고춧가루 2숟가락
칠성사이다 200㎖

뚝딱이형에게 배우는 요리 노하우

형! 우리 집에는 매실청이 없는데요!
매실청이 없으면 설탕 2숟가락으로 대체하면 돼.

형! 왜 비빔장을 많이 만들어요?
나 같은 대식가를 위한 레시피야. 내 배는 쫄면 1인분으로 끝나지 않지.

형! 이 비빔장은 숙성 안 해도 되나요?
물론 하루 정도 숙성하면 더 맛있지만 빨리 먹고 싶을 땐 안 해도 충분히 맛있더라고.

형! 사이드 메뉴로 군만두 하나 튀겨놓을까요?
우리 잼민이 역시 맛잘알이구나. 시장 분식집 쫄면은 노릇하게 튀긴 만두와 환상궁합이지! 비빔만두에도 잘 어울리는 비빔장이야!

1   믹서에 비빔장 재료를 모두 넣고 곱게 간다.

2   깻잎, 양배추, 오이를 얇게 채 썬다.

콩나물 식감을 살리기 위해 꼭 1분만 데쳐야 해.

3   끓는 물에 콩나물을 1분만 데치고 찬물에 헹궈 물기를 뺀다.

면이 서로 붙지 않게 잘 저어줘!

4   끓는 물에 쫄면을 넣고 3분 정도 삶은 뒤, 찬물로 헹궈 물기를 뺀다.

5   그릇에 쫄면을 담고 비빔장, 콩나물, 양배추, 오이, 깻잎을 올리고 참기름과 깨를 뿌리면 완성!

RECIPE 75

국물제육볶음

끝없는 음식 취향 논쟁 중에 탕수육 다음으로 치열한 것은 제육볶음이 아닐까 싶어. 탕수육에 부먹파와 찍먹파가 있다면, 제육볶음에는 불맛파와 국물파가 있어. 이번엔 국물파를 위해 밥 비벼 먹기 딱 좋은 국물제육볶음 레시피를 알려줄게. 오늘 저녁은 가성비 좋은 뒷다리살을 활용한 자박자박한 국물제육볶음 어떠니?

재료(3인분)

돼지고기(뒷다리살) 400g
당근 50g
양파 80g
대파 1대
청양고추 2개
다진 마늘 1.5숟가락
맛술 1숟가락
식용유 3숟가락
된장 1/2숟가락
진간장 2숟가락
물 180㎖
양파 160g(양념용)
고춧가루 2숟가락
설탕 2숟가락
고추장 1숟가락
순후추 1/4숟가락
참기름 1/2숟가락
소고기 다시다 1/2숟가락
참깨 1숟가락

뚝딱이형에게 배우는 요리 노하우

형! 국물제육볶음에는 돼지고기 어떤 부위가 좋나요?

국물과 함께 밥을 비벼 먹기에는 지방이 많은 부위보다 지방과 살코기가 적절히 섞인 뒷다리살, 앞다리살 같은 부위를 추천해. 가격도 저렴해서 국물제육볶음 하기에 딱이란다.

형! 기름에 간장과 된장을 넣고 튀기는 이유는 뭔가요?

기름에 간장과 된장을 살짝 튀기듯 볶으면 불향이 날 뿐만 아니라 감칠맛이 극대화된단다. 가장 약불로 타지 않게 볶는 게 중요해.

형! 귀찮은데 양파를 꼭 갈아야 하나요?

국물제육볶음은 자고로 자꾸만 떠먹고 싶을 정도로 국물이 맛있어야 해. 양파를 갈아서 넣으면 요리 전체에 기분 좋게 은은한 단맛을 줘 한 층 업그레이드 된 국물 맛을 낼 수 있어.

1 볼에 돼지고기, 다진 마늘, 맛술을 넣어 버무리고 잠시 재워둔다.

2 당근과 양파는 채 썰고, 대파와 청양고추는 송송 썬다.

3 양념용 양파 160g은 강판에 간다.

타지 않도록 조심해.

4 팬에 식용유를 두르고 된장, 진간장을 넣어 약불에서 튀기듯 볶는다.

5 재워둔 고기와 당근을 넣고 중불에서 고기가 익을 때까지 볶는다.

6 양파 간 것, 고춧가루, 설탕, 고추장과 후추를 넣고 볶는다.

7 고기에 양념이 완전히 배면 썰어둔 양파, 대파, 청양고추, 물을 넣고 뚜껑을 덮어 강불에서 채소가 익을 때까지 5분~10분간 끓인다.

다시다는 간을 보고 취향에 따라 조절해.

8 마지막으로 참기름, 소고기 다시다를 넣고 깨를 뿌리면 완성!

RECIPE 76
얼큰떡국

재료(3인분)

떡국떡 400g
소고기(불고기용) 200g
숙주 200g
양파 100g
애호박 80g
대파 1대
청양고추 2개
홍고추 1개
계란 2개
굴소스 1숟가락
식용유 3숟가락
순후추 조금
참깨 2숟가락
김가루 조금

양념

시판 사골육수 500㎖
물 500㎖
국간장 1숟가락
된장 1숟가락
고추장 2숟가락
고춧가루 2숟가락
다진 마늘 1숟가락

나처럼 얼큰한 빨간 국물 좋아하는 독자님이면 분명히 좋아할 떡국 레시피를 준비했어. 설날에 먹는 떡국은 흔히 매운맛 없이 고소하게 즐기지만 고추장 등을 넣어 얼큰하게 만들 수도 있단다. 기름진 명절음식과 정말 잘 어울리는 얼큰한 떡국 레시피를 알려줄게. 시작!

뚝딱이형에게 배우는 요리 노하우

형! 떡국떡에 국간장으로 밑간을 하는 이유가 뭔가요? ✕

똑같은 재료를 넣더라도 떡국떡에 직접 간을 해야 간이 깊게 배어 국물에만 간을 맞추는 것보다 더 맛있게 만들 수 있단다.

형! 기름진 명절음식과 정말 잘 어울리는 것 같아요! ✕

느끼한 명절음식을 한 번에 싸악 내려주는 떡국이라고 할 수 있지. 질리지 않는 얼큰한 맛에 계속 먹을 수 있단다. 설날에 떡국 끓여 먹고 처치곤란 남은 떡으로 해도 딱이야!

1 양파와 애호박은 채 썰고, 청양고추, 홍고추, 대파는 송송 썬다.

2 깨는 곱게 갈고 떡국떡은 30분 동안 물에 불린 뒤 물기를 뺀다.

3 떡국떡에 국간장 1숟가락을 넣고 잘 섞는다.

4 달군 팬에 식용유를 두르고 소고기, 숙주, 굴소스를 넣어 고기가 익을 때까지 볶은 다음 건져둔다.

5 소고기와 숙주를 볶던 팬에 양념 재료를 모두 넣고 강불로 끓인다.

6 물이 끓으면 양파, 애호박, 떡국떡을 넣고 끓인다.

7 떡국떡이 익으면 대파, 청양고추, 홍고추, 후추, 간 깨, 김가루를 넣고 계란을 넣어 푼다.

8 그릇에 떡국을 담고 볶은 소고기와 숙주를 올리면 완성!

RECIPE 77

된장삼겹살

한국인이 좋아하는 재료만 쏙쏙 골라 넣은 된장삼겹살 레시피를 알려줄게. 정말 맛있는데 사람들이 잘 모르는 것 같아서 널리 알리고 싶은 마음에 준비했어. 오늘부터 삼겹살 요리를 할 때는 된장삼겹살을 잊지 말렴! 선진국이 부러워할 맛이란다.

재료(3인분)

통삼겹살 400g
양파 1/2개
대파 1대
청양고추 2개
홍고추 2개
물 180㎖
순후추 1/3숟가락
참깨 1숟가락

된장양념
된장 1숟가락
진간장 1숟가락
다진 마늘 1숟가락
설탕 1숟가락

뚝딱이형에게 배우는 요리 노하우

형! 냉동 삼겹살을 써도 되나요?
된장 베이스 양념이기 때문에 냉동 삼겹살로도 잡내 없이 만들 수 있어. 완전히 해동이 된 상태에서 사용하면 충분히 맛있게 만들 수 있단다.

형! 양념 재료를 기름에 튀기듯 볶는 이유가 있나요?
간장, 된장, 설탕 등을 물에 풀기 전에 기름에 한 번 볶으면 불맛도 날 뿐만 아니라 감칠맛이 극대화된단다!

형! 채소를 작게 써는 이유가 있나요?
이 요리의 핵심은 완성된 된장삼겹살을 한 점 집었을 때 된장양념과 채소가 삼겹살에 다닥다닥 붙어서 삼겹살, 된장양념, 채소를 한 입에 먹는 것에 있지. 재료를 작게 썰어야 삼겹살에 착! 하고 붙는단다.

1 양파는 1cm 크기로 깍둑, 대파, 청양고추, 홍고추는 송송 썬다.

2 삼겹살은 엄지손가락 크기로 먹기 좋게 썬다.

3 달군 팬에 삼겹살을 넣고 중불에서 앞뒤로 노릇해질 때까지 바싹하게 구운 다음 건져둔다.

> 타지 않게 조심해.

4 삼겹살을 구운 팬에 된장양념 재료를 모두 넣고 약불에서 돼지기름에 튀기듯 볶는다.

5 볶은 양념에 양파와 물을 넣고 잘 풀어 중불에서 끓인다.

6 양념이 끓으면 구운 삼겹살을 넣고 양념이 밸 때까지 조린다.

7 양념이 반 이상 줄어들면 대파, 청양고추, 홍고추를 넣고 잘 섞어가며 조린다.

8 양념이 꾸덕해지면 불을 끄고 후추와 깨를 뿌려 완성!

소고기된장국수

RECIPE 78

소고기된장찌개에 국수를 넣어 만든 소고기된장국수 레시피를 준비했어. 이 레시피대로 된장찌개만 해 먹어도 정말 맛있지만, 국수를 넣고 토핑을 듬뿍 올리면 감탄사가 절로 나오는 별미가 탄생한단다. 나 믿고 오늘 저녁은 소고기된장국수 하나 뚝딱 만들어 먹어봐.

재료(3인분)

- 소고기(우삼겹) 100g
- 중면 2인분(180g)
- 숙주 100g
- 대파(흰 대) 1대
- 애호박 70g
- 양파 70g
- 두부 1/2모(150g)
- 청양고추 1개
- 물 200㎖
- 시판 사골육수 500㎖
- 진간장 1숟가락
- 식용유 2숟가락
- 참기름 1숟가락

된장양념
- 된장 3숟가락
- 쌈장 1숟가락
- 고추장 1숟가락
- 다진 마늘 1숟가락
- 고춧가루 1숟가락

뚝딱이형에게 배우는 요리 노하우

형! 양념 재료를 참기름에 튀기듯 볶는 이유가 있나요?

된장, 쌈장, 고추장 등을 국물에 풀어 넣는 것이 아니라 참기름에 한 번 볶으면 각 재료의 향과 함께 불맛과 감칠맛이 극대화된단다!

형! 우삼겹이 없으면 어떡해요?

우삼겹이 아니어도 차돌박이처럼 얇은 소고기면 OK! 입체적인 토핑이 그럴싸해진단다.

형! 소고기된장국수 성공 꿀팁 좀 알려주세요!

애호박, 두부, 양파 외에도 감자, 팽이버섯, 느타리버섯 등의 채소를 작게 썰어 넣으면 더욱 풍성하게 끓여 먹을 수 있어! 아, 그리고 이건 우리 구독자님이 알려주신 꿀팁인데, 남은 된장찌개는 조금 더 졸여서 강된장처럼 밥에 쓱쓱 비벼 먹으면 남은 국물까지 정말 맛있게 먹을 수 있어!

1. 애호박은 작게, 양파는 깍둑, 두부는 한입 크기로, 청양고추는 송송 썰고, 대파는 작게 다진다.

2. 달군 팬에 식용유를 두르고 중불에서 우삼겹을 앞뒤로 바싹 구워 건져낸다.

3. 우삼겹을 구운 팬에 진간장, 숙주, 다진 대파를 넣고 숙주의 숨이 죽을 때까지 빠르게 볶는다.

4. 끓는 물에 중면을 넣고 삶은 뒤, 찬물로 헹궈 물기를 빼둔다.

타지 않게 조심해.

5. 팬에 참기름을 두른 뒤 된장양념 재료를 모두 넣고 초약불에서 10분간 천천히 볶는다.

6. 물과 사골육수를 붓고 양념을 잘 푼 뒤, 애호박, 양파, 청양고추, 두부를 넣고 채소가 완전히 익을 때까지 강불로 끓인다.

7. 오목한 접시에 중면을 담고 완성된 된장찌개를 부은 뒤, 볶은 숙주와 구운 우삼겹을 올리면 완성!

RECIPE 79

빨간잡채

내가 어느 날 잡채를 먹다가 문득 '빨갛게 양념한 잡채는 왜 없을까?'라는 의문이 생겼어. 찾아보니 경상도에는 빨갛게 먹는 잡채가 있더라고. 감칠맛 가득하고 매콤한 빨간 양념 잡채에 밥을 비벼 먹으면 느끼하지 않고 개운한 매력에 빠져 자꾸 생각나게 될 거야.

재료(4인분)

당면 150g
사각어묵 2장
대파 1/2대
당근 100g
양파 80g
콩나물 150g
식용유 2숟가락
물 350㎖
다진 마늘 1숟가락
참기름 1.5숟가락
참깨 2숟가락

양념

진간장 3숟가락
고춧가루 3숟가락
설탕 2숟가락
고추장 1숟가락
소고기 다시다 1/2숟가락

뚝딱이형에게 배우는 요리 노하우

형! 빨간잡채 성공 꿀팁 좀 알려주세요!

팬에 양념과 어묵을 볶을 때 반드시 약불을 유지해서 타기 직전까지 볶는 것이 중요해. 그리고 물을 넣고 팬 바닥에 눌어붙은 양념을 하나도 남김없이 싹싹 긁어서 감칠맛 성분을 끌어올리는 것이 꿀팁이야!

형! 이제 잡채로도 잼민이 기강을 잡는 건가요?

잼민아, 너는 내 밑에서 2년 넘게 봐왔잖니. 이 정도는 이제 매운 축에도 못 껴~ 더 매콤하게 먹고 싶으면 청양고추 1~2개를 얇게 썰어 넣으렴.

1 당면은 미지근한 물에 2시간 동안 물에 불린다.

2 대파는 얇게 송송, 사각어묵은 길쭉하게, 당근과 양파는 얇게 채 썬다.

3 팬에 식용유, 다진 마늘, 대파를 넣고 약불에서 볶아 파기름을 만든다.

타지 않게 조심해.

4 파기름에 어묵과 양념 재료를 모두 넣고 타기 직전까지 섞어가며 볶는다.

5 물을 넣고 팬 바닥에 눌어붙은 양념을 긁어가면서 잘 푼 뒤, 당근, 양파, 불린 당면을 넣고 한 번 섞어 중불로 끓인다.

6 당면이 거의 다 익으면 콩나물을 넣고 숨이 죽을 때까지 섞는다.

7 마지막으로 참기름과 깨를 넣고 잘 섞으면 완성!

RECIPE 80
김치전

김치를 활용한 요리의 끝은 과연 어디까지일까? 비 오는 날이면 생각나는 김치전 레시피를 준비했어. 김치전 같은 평범한 요리일수록 더욱 고급스럽게, 더욱 특별하게 만들어야 한다는 나의 신념을 담은 김치전 비법을 알려줄게. 눅눅하지 않고 바삭한 김치전을 경험해 봐.

재료(4인분)

김치 1/4포기(500g)
해물믹스 200g
두부 1모(300g)
청양고추 1개
홍고추 1개
깻잎 조금
식용유 조금
빵가루 조금

반죽
부침가루 150g
튀김가루 100g
김칫국물 1컵(180㎖)
감자전분 2숟가락
고춧가루 1숟가락
소금 1숟가락
순후추 1/2숟가락

뚝딱이형에게 배우는 요리 노하우

형! 김치전 맛있게 부치는 꿀팁 좀 공유해주세요!

기름을 넉넉히 두르고, 작은 크기로 튀기듯이 부쳐야 맛있어. 뒤집기 전에 빵가루를 1숟가락씩 솔솔 뿌리면 더욱 바삭한 김치전을 만들 수 있지. 그래서 튀김가루도 같이 쓰는 거야. 깻잎도 채 썰어 넣으면 더 맛있게 만들 수 있어.

형! 잼민이는 해산물 싫어하는데요!

김치전에는 해물 대신 다진 돼지고기를 넣어도 잘 어울린단다.

형! 반죽 농도 맞추기가 어려워요!

우선 김칫국물 1컵을 먼저 넣고, 중간중간 반죽이 되다 싶으면 조금씩 더 넣는 것이 좋아! 반죽의 농도는 숟가락으로 반죽을 들었을 때 무겁게 떨어지는 정도로 맞추면 딱 좋단다.

형! 두부전도 아닌데 왜 두부를 넣나요?

김치전 반죽에 두부를 넣으면 더욱 고소한 맛을 내지. 형체도 없이 으깨지만 고소한 맛으로 자신의 존재감을 어필 할 거야.

1 김치는 작게 자른다.

2 청양고추와 홍고추는 얇게 송송, 깻잎은 돌돌 말아 채 썬다.

3 볼에 김치, 두부, 해물믹스와 반죽 재료를 모두 넣고 손으로 두부를 으깨가며 반죽한다.

4 달군 팬에 식용유를 넉넉히 두른 뒤, 반죽을 조금씩만 덜어 중불에서 튀기듯이 부친다.

전 하나에 빵가루 1숟가락, 깻잎 1/4장 정도가 적당해.

5 익지 않은 윗면에 깻잎, 빵가루, 청양고추와 홍고추를 올리고 뒤집는다.

6 앞뒤로 튀기듯이 부치면 완성!

RECIPE 81

오징어젓갈볶음밥

오징어젓갈은 흰쌀밥 위에 올려 먹어도 정말 맛있지만, 밥과 함께 볶아도 다른 매력으로 참 맛있더라고. 수준 높은 우리 구독자님들이 정말 간단하면서도 오징어젓갈 특유의 감칠맛과 식감이 살아있어 너무 맛있다고 칭찬해주신 레시피란다. 별미 of 별미로 추천해.

재료(1인분)

오징어젓갈 3숟가락(75g)
밥 300g
대파 1대
식용유 3숟가락
다진 마늘 1숟가락
고춧가루 1숟가락
고추장 1/4숟가락
김가루 조금
참깨 1숟가락
계란 1개

뚝딱이형에게 배우는 요리 노하우

형! 다른 젓갈로 만들어도 되나요?

오징어젓갈 외에 낙지젓갈을 넣어도 돼! 젓갈마다 염도가 다르니까 조금 짠 것 같으면 밥을 추가해서 볶아! 각자 입맛에 맞게 고추장을 조절해도 돼.

형! 이건 너무 쉬워서 저도 만들겠어요.

맞아, 잼민아. 너무 간단해서 잼민이도 요리 초보자도 모두 쉽게 만들 수 있단다. 맨날 해 먹던 김치볶음밥에서 한 단계 업그레이드 해봐. 세상에 있는 모든 볶음밥 중에 가장 쉬운 난이도일지는 몰라도 맛은 절대 얕잡아 보면 안 돼.

1 오징어젓갈은 가위로 작게 자르고, 대파는 반으로 갈라 송송 썬다.

2 팬에 식용유를 두르고 대파를 넣어 약불에서 1분간 볶는다.

타지 않게 조심해.

3 다진 마늘, 고춧가루, 고추장을 넣고 대파가 흐물흐물해질 때까지 타지 않게 살살 볶는다.

4 오징어젓갈, 밥, 김가루를 넣고 중불에서 볶는다.

5 볶음밥을 팬 바닥에 넓게 펼친 뒤, 깨를 뿌리고 계란프라이를 올리면 완성!

RECIPE 82

홍합죽

시장가서 홍합 딱 3000원어치를 사면 이렇게 근사한 요리를 만들어 먹을 수 있어. 한 번쯤 속는 셈 치고 따라 해보는 건 어때? 정말 저렴한 식재료인 홍합을 활용해 고급지게 만드는 죽 레시피를 알려줄게. 추운 겨울, 얼큰하고 깊은 맛을 자랑하는 홍합죽 한 그릇이면 추위가 눈 녹듯 사라질 거야.

재료(3인분)

홍합 1kg
밥 1공기(210g)
물 2.5ℓ
부추 50g
청양고추 1개
대파(초록 잎) 1대
소주 90㎖
홍합육수 500㎖
멸치액젓 1숟가락
계란 노른자 1개
들깻가루 1숟가락
김가루 조금

양념

식용유 1숟가락
된장 1/2숟가락
고춧가루 1숟가락
대파(흰 대) 1대
다진 마늘 1숟가락

뚝딱이형에게 배우는 요리 노하우

형! 홍합 손질법 좀 알려주세요!

우선 홍합 껍질끼리 살살 비벼가며 껍질에 붙어있는 흰색 이물질을 떼어낸 다음 튀어나온 홍합 수염도 떼어내. 그리고 찬물로 헹구면 손질 끝!

형! 저는 홍합 식감을 더 살리고 싶어요!

나처럼 홍합살을 잘게 다져서 넣으면 더욱 부드럽게 만들 수 있어, 홍합의 쫄깃한 식감을 살리고 싶다면 큼직하게 잘라서 넣으면 돼!

1. 대파는 흰 대와 초록 잎으로 나눠 송송, 청양고추는 잘게 다지고, 부추는 5cm 길이로 썬다.

> 홍합 육수 위에 뜨는 거품은 걷어내.

2. 홍합은 흐르는 물에 껍질을 깨끗하게 씻어 냄비에 담는다. 홍합이 잠길 정도로 물을 붓고 소주, 다진 청양고추를 넣고 강불에서 끓인다.

> 홍합 육수는 5분 정도 가만히 둬 찌꺼기를 가라앉힌 뒤 윗부분의 맑은 육수만 500㎖ 남겨둬.

3. 홍합이 입을 벌리면 건져서 홍합살을 바르고 가위로 잘게 다진다.

4. 팬에 다진 홍합과 양념 재료를 넣고 약불에서 살살 볶는다.

5. 볶은 홍합에 밥을 넣고 남겨둔 홍합 육수를 부은 뒤, 멸치액젓으로 간을 맞추고 천천히 중약불로 조린다.

6. 원하는 농도의 죽이 되면 부추, 대파 잎, 들깻가루, 김가루, 계란 노른자를 올려 완성!

RECIPE 83
고깃집볶음밥

고깃집이나 곱창집 가면 아무리 배가 불러도 꼭 주문하는 볶음밥. 과연 어떤 비법이 담겼길래 우리가 그렇게 좋아하는 걸까? 외국인들이 들으면 놀래 자빠져버리는 한국인만의 K-디저트, 볶음밥 레시피를 준비했어. 오늘은 특별히 실제 고깃집, 곱창집에서 쓰는 후식 볶음밥의 양념장 비법을 알려줄게.

재료(1인분)

대패삼겹살 100g
밥 1공기(210g)
신김치 2숟가락(30g)
당근 20g
부추 20g
김가루 4숟가락
날치알 2숟가락

양념장(3인분)

고추장 1숟가락
굴소스 1숟가락
참기름 1숟가락
간 깨 1숟가락
소고기 다시다 1/2숟가락
설탕 1/2숟가락
다진 마늘 1/2숟가락
땅콩버터 1/2숟가락
순후추 조금

뚝딱이형에게 배우는 요리 노하우

형! 잼민이 집에 고기가 없어요!

오늘 알려주는 볶음밥 비법 양념장은 고깃집과 곱창집 모두 애용하는 레시피이니, 고기가 없다면 배달시켜 먹고 남은 곱창을 작게 잘라 넣어도 참 맛있어. 취향에 따라 선택하면 돼.

형! 근데 날치알도 없어요!

고깃집볶음밥에서 날치알은 톡톡 터지는 기분 좋은 식감을 줘서 한 층 업그레이드 된 맛을 낼 수 있단다. 없으면 생략 가능해.

형! 계란프라이나 치즈를 올려 먹어도 맛있을 것 같아요!

오늘도 맛잘알 면모를 보여주는구나. 반숙 계란프라이를 올려도, 모짜렐라치즈나 눈꽃치즈를 올려 먹어도 다 맛있지. 치즈는 뚜껑 덮어 녹이면 되고, 토치가 있다면 한 번 그을려도 맛있단다.

형! 땅콩버터가 없거나 땅콩 알레르기가 있으면 어떡하죠?

그럴 때는 비슷하게 고소한 맛을 내는 콩가루를 넣어도 맛있어.

형! 양념장을 왜 3인분이나 만들어요?

1인분 양념장만 만드려면 계량이 너무 세밀해져서 맞추기 힘들어. 어차피 볶음밥은 이상하게 많이 먹게 되는 음식이니 넉넉하게 만들어보렴. 밥과 나머지 재료는 1인분 기준이란다.

1 신김치, 당근, 부추는 모두 작게 다진다.

2 볼에 양념장 재료를 모두 넣고 잘 섞는다.

3 달군 팬에 고기를 올려 중불에서 앞뒤로 노릇하게 구운 뒤 가위로 작게 자른다.

4 고기 위에 다진 신김치를 넣고 같이 볶는다.

5 밥, 당근, 부추를 넣고 잘 섞어가며 볶는다.

6 양념장 2숟가락을 넣고 한 번 더 볶는다.

7 팬에 볶음밥을 넓게 펴서 강불에서 1~2분간 수분을 날리고 김가루와 날치알을 넣고 한 번 섞으면 완성!

RECIPE 84

순두부대찌개

스트레스 때문에 평소보다 더 맵고 자극적인 음식이 땡기는 날 있지? 내가 알려주는 얼큰한 순두부대찌개를 먹고 나면 쌓였던 스트레스를 몽땅 날릴 수 있을 거야. 자극적인 맛으로 유명한 순두부찌개와 부대찌개의 장점만 합친 메뉴를 소개할게. 시작!

재료(2인분)

순두부 2봉(800g)
스팸 1캔(200g)
비엔나소시지 10~12개
양파 1/2개
대파 1대
청양고추 2개
슬라이스치즈 1장

양념

물 300㎖
고춧가루 3숟가락
진간장 2숟가락
고추장 1숟가락
소고기 다시다 1숟가락
다진 마늘 1숟가락
설탕 1/2숟가락
순후추 약간

뚝딱이형에게 배우는 요리 노하우

형! 양파를 왜 냄비 바닥에 까는 건가요?

잼민아, 너는 내 큰 그림을 아직도 모르는구나. 양파를 냄비 바닥에 깔면 찌개를 끓이는 동안 양파 특유의 은은한 단맛이 올라와 더욱 맛있어진단다.

형! 우리 집에는 비엔나소시지가 없는데요?

그럼 프랑크소시지를 얇게 썰어 넣거나 베이컨 같은 햄류를 넣어도 맛있어!

형! 이건 좀 위험한 음식인데요!

우리 잼민이 요즘 눈치가 참 빠르구나. 만들면 어느새 밥 두 공기는 뚝딱하게 되는 아주 무서운 음식이란다. 더 위험하게 만들려면 라면사리를 넣어도 좋아.

1   양파는 채 썰고, 스팸은 0.5cm 두께로, 대파와 청양고추는 작게 송송 썬다.

2   팬에 양파를 펼쳐 깐다.

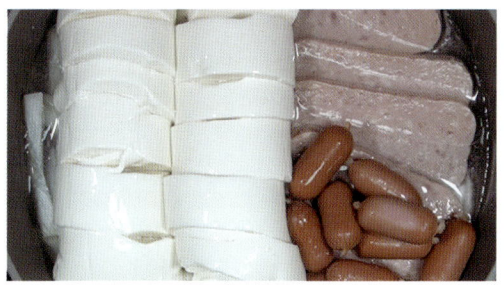

3   양파 위에 스팸, 비엔나소시지, 순두부를 올린 다음 순두부를 큼직하게 숭덩숭덩 자른다.

4   양념 재료를 모두 넣고 살살 풀어가며 중불에서 10분간 끓인다.

5   대파와 청양고추를 넣고 5분 더 끓인다.

6   마지막으로 불을 끄고 슬라이스치즈 한 장을 올리면 완성!

RECIPE 85

마라크림파스타

여성분들이 특히나 좋아하는 파스타와 마라소스가 만난다면 말해 뭐하니. 맛있는 것에 또 맛있는 것을 더하면 맛이 배가 되겠지. 오늘 당장 좋아하는 여성분께 이 음식을 대접하면 오늘부터 더이상 너는 솔로가 아닐 거야. 마라소스 특유의 향이 크림의 느끼함을 싹 잡아주어 중독성 강한 맛이 매력적이란다.

재료(2인분)

- 우삼겹 150g
- 카펠리니면 1인분(125g)
- 칵테일새우 6개
- 양파 80g
- 느타리버섯 30g
- 진간장 1숟가락
- 다진 마늘 1숟가락
- 치킨스톡 1/3숟가락
- 베트남고추 4개
- 우유 1컵(180㎖)
- 휘핑크림(무가당) 1/2컵(90㎖)
- 하이디라오 마라소스 3숟가락
- 소금 1/2숟가락
- 올리브유 1숟가락
- 파슬리가루 조금

뚝딱이형에게 배우는 요리 노하우

형! 우리 집에는 카펠리니면이 없어요!

엔젤헤어라고 불리는 얇은 카펠리니면을 넣으면 마라탕의 옥수수면 느낌이 나서 개인적으로 좋더라고. 카펠리니면이 없다면 흔히 먹는 스파게티면으로 만들어도 충분히 맛있단다. 포장에 표기된 시간보다 2분 덜 삶은 뒤, 소스에 넣어줘!

형! 우삼겹 대신 차돌박이를 넣어도 되나요?

당연하지! 차돌박이로 만들면 더욱 맛있단다. 기름이 적당히 있는 얇은 고기를 쓰면 돼.

형! 남은 마라소스 활용 방법도 알려주세요!

남은 마라소스는 138쪽 마라통삼겹조림을 할 때 활용하렴!

형! 마라소스 건더기가 씹히는 게 싫어요!

아주 좋은 지적이야. 호불호가 갈리지. 마라소스 건더기가 싫다면 체에 한 번 걸러서 넣으렴.

1 양파는 채 썰고, 느타리버섯은 밑동을 잘라내고 손으로 찢는다.

2 달군 팬에 우삼겹을 넣고 중불에서 앞뒤로 노릇하게 굽는다.

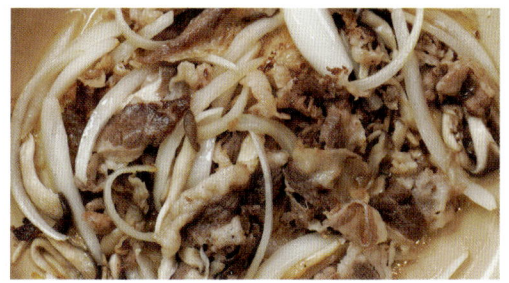

3 구운 우삼겹에 양파, 느타리버섯을 넣고 중불에서 볶는다.

4 양파가 투명해지면 칵테일새우, 진간장, 다진마늘, 치킨스톡, 베트남고추를 넣고 볶는다.

5 우유, 휘핑크림, 마라소스를 넣고 잘 섞는다.

6 냄비에 물, 소금, 올리브유를 넣고 카펠리니면을 딱 2분만 삶는다.

7 카펠리니면을 건져서 소스에 넣고 섞어가며 2분간 면을 마저 익힌다.

8 마지막으로 그릇에 담고 파슬리가루를 뿌리면 완성!

PART 4

즉석조리식품을
이용한 맛보장
뚝딱 레시피

스팸, 라면, 참치캔 등 즉석조리식품을 이용한 맛보장 레시피를 소개할게. 요리에 정말 자신이 없는 초보자들도 이 레시피라면 무조건 성공할 수 있단다. 언제까지 라면은 끓여만 먹고 스팸은 구워만 먹을 거니. 그냥 먹어도 맛있는 음식에 맛있는 걸 더해봐. 쉽고 빠르게 정말 맛있는 요리를 만들 수 있어. 이제 나랑 같이 해보자, 뚝딱!

RECIPE 86

고추참치순두부찌개

오늘은 절대로 실패할 수 없는 초간단 순두부찌개 레시피를 알려줄게. 요리 좀 해본 사람들은 순두부찌개가 은근 번거로운 요리라는 것은 알고 있을 거야. 하지만 오늘 소개하는 고추참치순두부찌개는 고추참치캔을 치트키로 활용하기에 세상 간단하고 세상 맛있게 만들 수 있단다.

재료(2인분)

순두부 1봉(400g)
고추참치 1캔(150g)
대파 1대
양파 50g
애호박 40g
팽이버섯 20g
식용유 2숟가락
고춧가루 1숟가락
물 150㎖
멸치액젓 1숟가락
국간장 1숟가락
계란 1개
순후추 조금

뚝딱이형에게 배우는 요리 노하우

형! 저는 더 칼칼하게 먹고 싶은데요!

우리 잼민이가 웬일이니. 칼칼한 맛을 원한다면 청양고추 1개를 송송 썰어 마지막에 넣고 한 번 끓이면 돼. 매운고추참치캔도 괜찮아.

형! 그냥 참치로는 안 되나요?

일반 참치로 하면 또 이것저것 추가되는 재료가 많아지겠지? 고추참치 특유의 양념이 순두부찌개에 딱 어울리니까 고추참치를 쓰도록 해.

1 대파는 흰 대와 초록 잎으로 나눠 송송, 양파는 깍둑, 애호박은 작게 썬다.

2 팽이버섯은 밑동을 자른 뒤 손으로 찢는다.

3 뚝배기에 식용유를 두른 뒤 대파 흰 대를 넣고 약불에서 볶는다.

4 대파 향이 올라오면 고추참치와 고춧가루를 넣고 먼저 볶다가 양파를 넣고 볶는다.

5 양파가 투명해지면 순두부를 반으로 잘라 넣고 물, 애호박, 멸치액젓, 국간장을 넣어 강불로 끓인다.

6 마지막으로 팽이버섯, 계란, 대파 잎을 올리고 후추를 톡톡 뿌린 뒤, 계란 흰자가 살짝 익을 때까지 끓이면 완성!

RECIPE 87

고기짬뽕라면

라면이 싸다고 무시하면 안 된다는 것은 이 레시피를 통해 증명할 수 있어. 라면으로 고기맛과 불맛 제대로 내는 고기짬뽕라면 레시피 알려줄게! 아이러니하게도 해장으로도 최고지만, 술안주로도 최고인 국물 요리란다. 라면을 한층 더 고급스럽게 변신시키는 고기짬뽕라면 레시피 바로 시작!

재료 (1인분)

라면 1봉
대패삼겹살 150g
대파 1대
양파 1/2개
애호박 50g
팽이버섯 10g
식용유 1숟가락
통후추 1/4숟가락
고춧가루 1숟가락
간장 1숟가락
다진 마늘 1/2숟가락
물 550㎖

뚝딱이형에게 배우는 요리 노하우

형! 잼민이 집에는 대패삼겹살이 없어요!

고기짬뽕라면에는 집에 남아있는 아무 돼지고기나 써도 상관없단다. 얇게 썰어서 볶아 넣으면 돼.

형! 라면은 어떤 라면을 쓰나요?

빨간 국물 라면이면 다 되지만 조금 더 중국집 짬뽕 같은 맛을 내고 싶으면 짬뽕라면 중에서 골라봐.

형! 간장을 왜 끓여요?

뜨거운 팬에 간장을 넣고 태우듯이 끓이면 불맛과 비슷한 향이 나서 풍미가 더욱 살아난단다.

1 대파 흰 대는 반으로 갈라 8cm 길이로 썰고, 초록 잎은 송송, 양파와 애호박은 채 썬다.

2 팽이버섯은 밑동을 잘라내고 손으로 찢는다.

3 달군 팬에 식용유를 두르고 대패삼겹살과 대파 흰 대를 넣고 후추를 갈아 뿌린 뒤, 중불에서 볶는다.

4 대패삼겹살이 익으면 고춧가루, 양파, 애호박을 넣고 채소가 익을 때까지 볶는다.

5 팬의 빈 공간에 간장을 넣고 5초 정도 끓인 뒤 재료와 섞어 타기 직전까지 볶는다.

6 물, 다진 마늘, 라면 건더기스프, 분말스프를 넣고 강불에서 끓인다.

7 국물이 끓으면 라면을 넣고 면이 익을 때까지 끓인다.

8 마지막으로 대파 잎과 팽이버섯을 넣고 한 번 섞으면 완성!

해장라면

나는 분명 술 마신 다음 날 해장하기 위해 라면을 끓였는데, 이걸 먹고 또 술을 마셔서 다시 취했던 적이 있단다. 그만큼 국물이 깊고 시원하고 칼칼하다는 말이겠지? 실제로 수준 높은 우리 구독자님께서 이건 라면을 넘어선 하나의 요리라며, '해장라면계의 혁신'이라고 극찬을 해주셔서 참 뿌듯했던 바로 그 레시피야!

재료(1인분)

라면 1봉
황태채 10g
콩나물 100g
대파 1대
청양고추 1개
양파 1/4개(50g)
부추 15g
계란 1개
물 500㎖
식용유 2숟가락
고춧가루 2숟가락
굴소스 1숟가락
순후추 조금

뚝딱이형에게 배우는 요리 노하우

형! 우리 집에는 황태채가 없어요!

황태채가 깊고 시원한 국물맛을 내지만, 황태채가 없다면 고기, 해산물, 햄, 어묵 등으로 대체해서 만들면 돼.

형! 해장라면의 성공 꿀팁이 있나요?

반드시 약불에서 재료를 살살 볶아서 각각의 감칠맛을 최대한 끌어 올리는 것이 키포인트야. 그리고 해장라면이니까 깔끔한 국물을 위해 계란을 풀지 않고 살짝만 익혀야해. 취향에 따라 풀어도 좋단다.

형! 술 좀 그만 마셔요!

잼민아, 어른들은 원래 그런 거란다. 그래도 이렇게 해장라면으로 속을 챙기니 얼마나 건강하니. 우리 구독자 여러분들도 건강 잘 챙기면서 마시자. 이거 먹고 해장하다가 또 술이 생각나서 마셔버리는 대참사만 조심하고. 뚝딱!

1. 황태채는 물에 담가 살짝 불렸다가 물기를 꼭 짠다.

2. 대파와 청양고추는 송송, 양파는 얇게 채 썰고, 부추는 4cm 길이로 썬다.

3. 냄비에 식용유, 대파, 불린 황태채, 고춧가루, 굴소스, 라면 건더기스프, 분말스프를 모두 넣고 약불에서 타지 않게 볶는다.

4. 물을 넣고 강불에서 끓이다가 끓기 시작하면 라면, 양파, 콩나물을 넣고 면이 익을 때까지 끓인다.

5. 마지막으로 청양고추, 부추, 계란을 넣고 후추를 톡톡 뿌리면 완성!

RECIPE 89

불닭덮밥

매번 똑같이 끓여 먹는 불닭볶음면이 지겨울 때, 불닭볶음면소스로 만드는 불닭덮밥 레시피를 알려줄게. 불닭볶음면소스만도 따로 팔던데, 평소 불닭볶음면만의 화끈하면서 중독성 강한 매운맛을 즐겨 먹는다면 오늘 알려주는 불닭덮밥도 100% 만족할 거야.

재료(2인분)

- 닭다리살 200g
- 밥 300g
- 불닭볶음면소스 1봉(30g)
- 양파 1/4개
- 양배추 20g
- 팽이버섯 30g
- 대파 1대
- 치즈 취향껏
- 식용유 1숟가락
- 소금 1/3숟가락
- 통후추 1/3숟가락
- 진간장 1/2숟가락
- 고추장 1/2숟가락
- 다진 마늘 1숟가락
- 물엿 1/2숟가락

뚝딱이형에게 배우는 요리 노하우

형! 잼민이는 너무 매운데요!

잼민이 기강을 잡으려고 했는데 실패했구나. 매운 것을 잘 못 먹는다면 소스를 2/3 정도만 넣어 맵기를 조절하면 돼. 팽이버섯이나 치즈를 듬뿍 넣어도 매운맛을 중화시키는 데 도움이 된단다.

형! 더 맛있게 만드는 꿀팁 좀 알려주세요!

전자레인지에 치즈를 녹여도 되지만, 집에 토치가 있다면 토치로 치즈를 녹여 불맛을 한 층 더 살릴 수 있단다.

형! 소스만 먹고 남은 면은 어떻게 하나요?

남은 면은 부대찌개나 감자탕 등 매콤한 빨간 국물 요리의 사리로 잘 어울리니까 버리지 말고 밀봉해서 보관해 두렴.

1 대파는 어슷하게, 양파는 얇게 채 썰고, 양배추는 먹기 좋은 크기로 썬다.

2 닭다리살은 한입 크기로 자른 뒤, 소금과 후추로 밑간한다.

3 달군 팬에 식용유를 두르고, 대파와 닭다리살을 넣어 약불에서 볶는다.

4 닭다리살이 노릇해지면 진간장, 고추장, 다진 마늘, 물엿을 넣고 살살 볶는다.

5 불닭볶음면소스, 양파, 양배추를 넣고 중불에서 채소가 익을 때까지 볶는다.

6 팽이버섯을 넣고 숨이 죽을 때까지 한 번 더 볶는다.

7 접시에 밥을 담고 완성된 불닭볶음으로 덮은 뒤, 치즈를 올려 전자레인지에 돌리면 완성!

RECIPE 90

스팸고추장볶음

6천 원짜리 스팸 1캔으로 무려 3일치 식사를 해결할 수 있는 갓성비 반찬 레시피를 알려줄게! 명절에 받은 스팸 선물세트가 있다면 오늘 알려주는 스팸고추장볶음을 추천해. 밥반찬으로도 먹고 각종 요리의 베이스로도 활용할 수 있는 만능 요리란다.

재료(4인분)

스팸 1캔(340g)
팽이버섯 350g
대파 1대
양파 1개
청양고추 3개
식용유 1숟가락
다진 마늘 1숟가락
고추장 2숟가락
고춧가루 2숟가락
진간장 2숟가락
설탕 2숟가락
순후추 1/2숟가락
참기름 1숟가락
참깨 1숟가락

뚝딱이형에게 배우는 요리 노하우

형! 이건 어떤 요리에 활용하면 되나요?

스팸고추장볶음을 넣고 두부조림을 만들면 참 맛있어! 먼저 먹기 좋게 썬 두부를 팬에 올리고 물 1컵과 스팸고추장볶음을 한 국자 정도 넉넉히 넣고 조리면 돼. 부족한 간은 멸치액젓으로 맞추면 완성! 그리고 볶음우동을 만들어 먹어도 별미란다. 팬에 스팸고추장볶음을 넣고 삶은 우동면과 함께 휘리릭 볶으면 볶음우동 완성! 계란 노른자 한 개 올려서 비벼 먹으면 꿀맛이야.

형! 시간도 남는데 하나만 더 알려줘요!

잼민이 분량 욕심이 나날이 많아지는구나. 우리 구독자님이 댓글로 알려주신 소중한 꿀팁 하나 공유할게. 스팸고추장볶음을 김밥 속재료로 넣으면 정말 맛있다고 알려주셨어! 주먹밥, 삼각김밥 속재료로도 활용할 수 있겠지? 요리는 이렇게 응용하는 재미가 있는 법이란다.

형! 팽이버섯이 너무 많은 것 아니에요?

안그래도 걱정거리가 산더미인 현대사회에서 고작 팽이버섯까지 걱정하지 말자. 어차피 볶으면 숨이 죽어서 양이 딱 적당해지니 섣부른 걱정은 하지 말렴.

1 스팸과 양파는 1cm 크기로 깍둑, 대파는 반으로 갈라 송송, 청양고추는 작게 다진다.

2 팽이버섯은 밑동을 잘라내고 잘게 썬다.

3 팬에 식용유를 두른 뒤 대파, 양파, 다진 마늘을 넣고 약불에서 천천히 볶는다.

4 마늘 향이 올라오면 스팸을 넣고 중불에서 볶는다.

5 양파가 투명해지면 고추장, 고춧가루, 진간장, 설탕을 넣고 볶는다.

6 팽이버섯을 넣고 1분 더 볶은 뒤 청양고추, 후추, 참기름, 깨를 넣고 한 번 섞으면 완성!

RECIPE 91

참치고추장볶음

참치캔 2개면 5일간 반찬 걱정 없는 참치고추장볶음 레시피를 알려줄게! 이 참치고추장볶음은 한 번 만들어두면 덮밥, 주먹밥, 삼각김밥에 이어 참치찌개까지 다양한 음식의 만능 베이스로 활용할 수 있는 갓성비 반찬이야.

재료(4인분)

- 참치캔 2개(400g)
- 대파 1대
- 양파 1개
- 표고버섯 4개
- 청양고추 15개
- 참기름 2숟가락
- 다진 마늘 3숟가락
- 고춧가루 3숟가락
- 고추장 4숟가락
- 물엿 5숟가락
- 진간장 6숟가락
- 참기름 2숟가락
- 순후추 1/2숟가락
- 참깨 2숟가락

뚝딱이형에게 배우는 요리 노하우

형! 참치고추장볶음으로 어떻게 다른 요리를 만드나요?

그냥 흰쌀밥에 비벼만 먹어도 맛있지만, 스크램블과 마요네즈, 김가루를 뿌리면 초간단 고추참치마요덮밥이 완성된단다! 아니면 뚝배기에 물 1컵, 감자, 애호박, 두부를 넣고 참치고추장볶음을 한 국자 넉넉히 넣고 팔팔 끓이면 참치고추장찌개도 완성되지. 부족한 간은 멸치액젓으로 맞추면 돼.

형! 표고버섯 말고 다른 버섯을 넣어도 되나요?

당연하지! 표고버섯, 팽이버섯, 새송이버섯, 느타리버섯 등 집에 남는 버섯을 활용하면 돼.

형! 자꾸 이렇게 잼민이 기강 세게 잡을 건가요?

청양고추는 입맛에 따라 조절하면 된단다. 뚝딱이형의 초창기 때부터 함께해 주신 구독자님들은 자신의 맵부심에 따라 청양고추를 조절해서 넣으시더라고. 자고로 나는 불닭볶음면, 틈새라면 쯤은 가볍게 해치우는 맵고수란다.

형! 스팸고추장볶음이랑 뭐가 달라요?

스팸보다 훨씬 가성비 좋은 반찬이야. 참치의 담백함과 감칠맛을 최대한 끌어올릴 수 있는 양념 배합을 연구해 소개하는 거란다.

1 참치는 체에 받쳐 숟가락으로 꾹꾹 눌러가며 기름을 쫙 뺀다.

참치기름은 버리지 말고 남겨둬.

2 대파는 반으로 갈라 송송 썰고, 양파, 표고버섯, 청양고추는 작게 다진다.

3 팬에 참치기름, 참기름, 다진 마늘, 고춧가루, 대파를 넣고 약불에서 수분을 날려가며 볶는다.

4 대파가 투명해지면 양파, 표고버섯, 참치를 넣고 볶는다.

5 양파가 투명해지면 고추장, 물엿, 진간장을 넣고 볶는다.

6 청양고추를 넣고 1분간 더 볶는다.

7 마지막으로 참기름과 후추를 넣고 볶은 뒤 깨를 뿌리면 완성!

RECIPE 92

스팸짜글이찌개

재료 하나하나에 온 정성을 다해 만들면 스팸으로도 충분히 고급스러운 짜글이찌개를 만들 수 있단다. 스팸과 기본 양념만으로도 최대의 맛을 뽑아내어 깊은 맛을 끌어 내는 것이 비법이야. 완성된 짜글이찌개는 갓 지은 흰쌀밥에 올려 쓱쓱 비벼 먹으면 밥 두 공기 먹는 것은 시간문제에 불과할 거야.

재료(2인분)

스팸 1캔(340g)
감자 2개
양파 1개(150g)
두부 1모(300g)
대파 1대
청양고추 2개
팽이버섯 100g
물 600㎖
식용유 2숟가락

양념장

고춧가루 4숟가락
진간장 2숟가락
고추장 1숟가락
된장 1/2숟가락
다진 마늘 1숟가락
순후추 1/3숟가락
소고기 다시다 1/2숟가락

뚝딱이형에게 배우는 요리 노하우

형! 왜 스팸을 으깨서 넣나요?

스팸을 으깨서 넣는 과정은 간단하지만 맛에서 꽤나 큰 차이가 나지. 스팸의 조미 성분이 국물에 더욱 잘 빠져나와 감칠맛 가득한 국물 맛을 낼 수 있어. 갈아 넣은 스팸은 국물 한 국자 떠서 밥에 쓱쓱 비벼 먹을 때 제 맛을 발휘하지! 흐린 눈으로 보면 마치 간 돼지고기 같단다.

형! 저는 짜글이보다 찌개가 좋아요!

국물이 넉넉한 찌개 느낌으로 끓이고 싶다면 물을 1컵 더 넣고 부족한 간은 멸치액젓으로 맞추면 돼. 더욱 깊은 국물 맛을 원한다면 시판 사골육수를 넣으면 된단다.

형! 사골육수 넣으면 더 맛있나요?

물만 넣어 끓여도 충분히 맛있지만 더욱 깊은 국물 맛을 원하면 물 대신 사골육수를 넣어도 돼.

1 스팸 2/3캔은 0.5cm 두께로, 감자는 1cm 두께로 썰고, 양파는 얇게 채 썬다.

2 두부는 한입 크기로, 대파와 청양고추는 어슷 썬다.

3 볼에 남은 스팸 1/3캔을 넣어 으깨고 양념장 재료를 모두 넣어 잘 섞는다.

4 달군 팬에 잘라둔 스팸을 올리고 중불에서 앞뒤로 노릇하게 구운 뒤 건져둔다.

5 스팸을 구운 팬에 식용유를 두르고 감자를 앞뒤로 노릇하게 굽는다.

6 구운 감자 위에 채 썬 양파를 넓게 펼친 뒤, 양념장과 물을 넣고 강불로 끓인다.

7 국물이 끓기 시작하면 두부, 구운 스팸, 팽이버섯을 넣고 끓인다.

8 마지막으로 대파와 청양고추를 올리고 1분간 더 끓이면 완성!

RECIPE 93

짜파게티라볶이

짜파게티가 지겨울 때쯤 짜파게티라볶이, 일명 짜파라볶이는 어때? 짜파게티를 활용한 다양한 레시피 중 가장 맛있고 그럴싸한 요리 같다고 생각해! 누구나 쉽고 간단하게 뚝딱 만들 수 있단다. 요즘은 '라면 먹고 갈래' 안 통한다는데 그럴 땐 짜파게티라볶이를 만들어봐.

재료(1인분)

짜파게티 1봉
떡볶이떡 6개
사각어묵 2장
비엔나소시지 10개
대파 1대
식용유 1숟가락
고춧가루 1숟가락
진간장 1숟가락
물 400㎖
고추장 1/2숟가락
설탕 1/2숟가락

뚝딱이형에게 배우는 요리 노하우

형! 치즈도 올려 먹고 싶어요.

잼민이 초딩 입맛 어디 안 가는구나. 마지막에 대파를 올리기 전 슬라이스 체다치즈 1장을 올려 먹어도 참 맛있단다. 기름에 튀기듯이 만든 계란프라이도 짜파게티라볶이와 정말 잘 어울리는 꿀조합이야.

형! 다 먹었는데 소스가 남았아요!

소스가 남았다? 무조건 밥 비벼야지! 밥 한 공기랑 김가루 조금 뿌려 쓱쓱 비벼 먹으면 한 끼 아니, 두 끼 뚝딱!

1 대파 흰 대는 반으로 갈라 송송, 초록 잎은 어슷하게, 어묵은 한입 크기로 썬다.

진간장은 오늘도 또 졌네.

2 냄비에 식용유를 두르고, 대파 흰 대, 고춧가루, 진간장을 넣고 약불로 볶는다.

3 물, 고추장, 설탕, 짜파게티 건더기스프, 분말스프를 넣고 강불로 끓인다.

4 국물이 끓으면 떡볶이떡, 사각어묵, 라면을 넣고 2분간 섞어가며 끓인다.

5 비엔나소시지를 넣고 면이 익을 때까지 2분간 더 끓인다.

6 마지막으로 대파 잎을 올리면 완성!

RECIPE 94

김치어묵우동

인스턴트 우동에 조금의 정성만 추가하면 식당에서 팔아도 될 정도의 훌륭한 맛과 비주얼을 자랑하는 요리로 재탄생한단다! 쌀쌀해진 날씨에 따뜻한 국물 한 그릇이 생각날 때 간단하지만 맛은 확실한 이 요리를 한번 도전해 봐!

재료(1인분)

생생우동 1봉
김치 100g
어묵 2장
대파 1/2대
청양고추 2개
팽이버섯 20g
쑥갓 10g
식용유 2숟가락
고춧가루 1숟가락
고추장 1/2숟가락
설탕 1/2숟가락
물 430㎖
다진 마늘 1숟가락

뚝딱이형에게 배우는 요리 노하우

형! 김치는 어떤 김치를 써야 하나요?

생김치보다는 적당히 익은 김치가 국물요리에 더 잘 어울린단다. 만약 푹 익은 신김치나 묵은지를 써서 국물 맛이 시큼하면 설탕 1/3숟가락을 더 넣어 신맛을 잡으면 돼.

형! 구독자님들께서 너무 맛있다는데요?

너무 좋아하셔서 나도 참 기쁘단다. 취향에 따라 우동에 어울리는 재료를 다양하게 넣어도 좋아. 유부를 듬뿍 넣어도 참 맛있단다.

1 김치는 작게 다지고, 팽이버섯은 밑동을 잘라 내고 손으로 찢는다.

2 어묵은 한입 크기로, 대파와 청양고추는 얇게 송송 썬다.

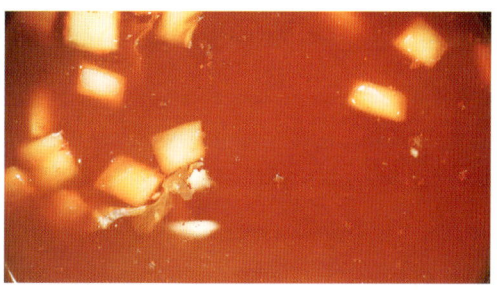

타지 않도록 조심해.

3 뚝배기에 식용유를 두른 뒤, 다진 김치, 고춧가루, 고추장, 설탕을 넣고 약불에서 살살 볶는다.

4 볶은 김치에 물, 다진 마늘, 우동 액상소스를 넣고 강불에서 끓인다.

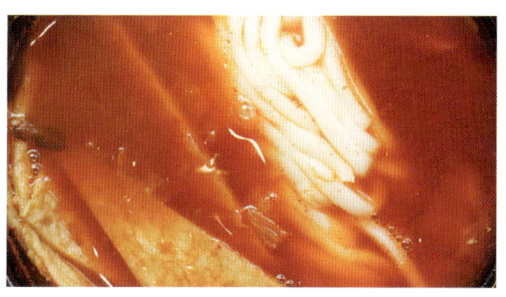

인스턴트에서 요리로 재탄생!

5 국물이 끓으면 어묵과 우동면을 넣고 딱 1분만 끓인다.

6 대파와 청양고추, 우동 건더기스프, 팽이버섯, 쑥갓을 올리고 30초 더 끓이면 완성!

PART 5

디저트까지
완벽하게 해내는
뚝딱 레시피

한국인이라면 밥 두둑하게 먹고 나서도 디저트 배는 따로 있는 거 아니겠니? 이제 특별한 도구나 재료가 없어도 아주 쉽고 간단하게 디저트를 만들 수 있는 레시피를 알려줄게. 아! 플레이팅은 신경 쓰지마. 어차피 내가 먹을 거니까. 이제 나랑 같이 해보자. 뚝딱!

RECIPE 95

인절미

우리나라 사람들이 가장 좋아하는 떡 중 하나가 바로 인절미지. 나도 인절미를 참 좋아해서 집에서 한번 만들어봤는데, 생각보다 간단하고 정말 맛있어서 깜짝 놀랐단다. 남녀노소 간식으로 즐기기 좋은 인절미를 집에서 맛있게 만드는 방법을 알려줄게!

재료(1인분)

- 찹쌀 3컵
- 물 400㎖
- 설탕 2숟가락
- 소금 1숟가락
- 참기름(또는 들기름) 3숟가락
- 콩가루(반죽용) 100g
- 콩가루(콩고물) 100g
- 설탕 1숟가락

뚝딱이형에게 배우는 요리 노하우

형! 믹서에 참기름은 왜 발라요?

찹쌀밥의 점성이 강해서 참기름을 충분히 바르지 않으면 곱게 갈리기 전에 믹서기 벽과 칼날에 모두 달라붙어 버려. 뒤늦게 후회하지 말고 넉넉히 발라둬!

형! 원래 겉에만 콩고물 묻히는 것 아닌가요?

뜨거운 떡을 콩가루와 함께 반죽하면 콩가루가 떡의 안쪽까지 스며들어 더욱 고소한 인절미를 만들 수 있단다.

형! 믹서 없이 만드는 방법도 알려주세요!

찹쌀로 밥을 지어 믹서에 가는 과정이 번거롭다면 찹쌀가루를 사용해도 돼.
① 찹쌀가루 2컵, 설탕 2숟가락, 소금 1숟가락을 섞는다.
② 뜨거운 물 2컵을 넣고 가루가 덩어리지지 않게 섞는다.
③ 반죽에 랩을 씌우고 포크로 랩에 뽕뽕 구멍을 낸 뒤, 전자레인지에 1분 30초 돌린다. 꺼내서 숟가락으로 잘 섞은 다음 다시 1분 30초 돌린다.
④ 반죽에 찰기가 생길 때까지 숟가락으로 잘 섞는다.

형! 카스텔라 가루도 묻혀 먹고 싶어요!

잼민이 취향저격인 카스텔라 가루를 묻혀 먹어도 참 맛있지. 카스텔라를 체 위에 올리고 손으로 굴리면 고운 가루를 만들 수 있단다.

1. 찹쌀은 잘 씻어 물에 24시간 불린 뒤 체에 밭쳐 물을 뺀다.

2. 전기밥솥에 불린 찹쌀, 물, 설탕 2숟가락, 소금을 넣고 잘 섞은 뒤 백미 모드로 취사해 찹쌀밥을 만든다.

3. 믹서 안쪽과 칼날에 참기름을 넉넉히 발라준 뒤, 찹쌀밥을 넣고 곱게 간다.

4. 떡을 꺼내 잠시 식혀 뜨거운 열기를 뺀다.

5. 넓은 트레이에 콩가루와 설탕 1숟가락을 뿌려 섞은 뒤, 떡을 부어 함께 반죽한다.

인심 좋게 팍팍 뿌려줘.

6. 떡을 한입 크기로 자른 뒤, 콩고물을 겉에 묻히면 완성!

RECIPE 96

노오븐타르트

한 번쯤 베이킹에 도전해 보고 싶지만, 오븐도 없고 반죽하는 것도 귀찮은 너를 위해 준비했어. 힘들게 반죽하는 과정 없이 노오븐 타르트를 만들 수 있는 레시피야. 어때, 이 정도로 간단한데 한번 해 볼 만하지 않니?

재료(2인분)

버터 100g
휘핑크림(가당) 180㎖
크림치즈 150g
딸기 230g
샤인머스캣 조금
다이제 1봉(194g)
설탕 3숟가락
슈가파우더 조금
얼음물 조금

뚝딱이형에게 배우는 요리 노하우

형! 어떤 접시를 써야 예쁜 타르트를 만들 수 있을까요?

너무 평평한 접시는 타르트의 모양을 잡기 어려워. 타르트의 크림을 올렸을 때 흘러내리지 않고 잘 담기도록 가장자리가 살짝 경사지며 올라온 접시가 좋아.

형! 실패 없이 휘핑 하는 꿀팁 좀 알려줘요.

우선 낮은 온도를 유지하며 휘핑을 쳐야 해. 내가 한 것처럼 얼음물에 믹싱볼을 올려 차갑게 하는 게 좋아. 이때 크림에 물이 절대 들어가지 않게 주의해야 해. 그리고 크림도 쓰기 직전까지 냉장보관 하여 차갑게 사용하는 것이 좋겠지? 설탕도 한 번에 많은 양을 넣으면 휘핑이 무너질 수 있단다. 두 번에 걸쳐 나누어 넣으면 베이킹 초보자도 실패 없이 휘핑 할 수 있어.

> 버터는 한 번에 녹이지 말고 전자레인지에 10초씩 2번 정도 확인하며 녹여줘.

1. 버터는 전자레인지에 20초 정도 살짝 돌려 녹이고, 딸기는 반으로 잘라 키친타월 위에 올려 물기를 빼둔다.

2. 믹서에 다이제를 넣고 곱게 간다.

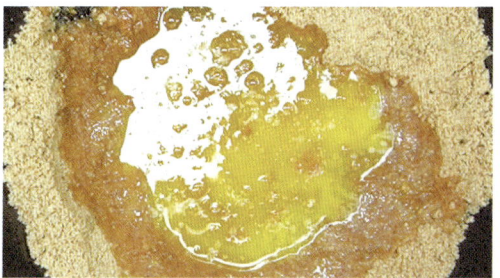

> 높이가 낮으면서 넓은 그릇이 좋아.

3. 볼에 다이제가루, 버터를 넣고 잘 섞어 타르트 시트 반죽을 만든다.

4. 그릇에 랩을 씌운 다음 반죽을 접시 모양대로 꾹꾹 눌러 평평하게 시트를 깐다.

> 온도를 차갑게 유지하는 것이 중요해.

5. 볼에 휘핑크림, 설탕, 크림치즈를 넣고 얼음물에 올린 뒤 핸드믹서로 크림이 꾸덕해져서 뿔이 생길 때까지 휘핑한다.

6. 시트 위에 완성된 크림을 넘치지 않게 붓고 냉장고에 넣어 2시간 이상 단단히 굳힌다.

> 플레이팅의 정석이야. 많이 먹어. 뚝딱!

7. 냉장고에서 꺼내 타르트 바닥의 랩을 조심스럽게 들어 올려 그릇과 분리한 뒤, 과일을 취향껏 올린다.

8. 마지막으로 슈가파우더를 체에 치면서 곱게 뿌리면 완성!

RECIPE 97

떡꼬치·메추리알꼬치·순대꼬치

잼민이 같은 요즘 친구들은 절대 모르는 간식이지. 학교 앞 분식집에서 팔던 300원짜리 떡꼬치, 메추리알꼬치, 순대꼬치 레시피를 알려줄게. 먹고 싶어도 이제는 파는 곳이 거의 없어져서 아쉬운 내 또래 친구들, 오늘 한번 직접 만들어보는 것이 어때? 원래도 맛있지만 추억까지 더해져서 더욱 맛있게 느껴질 거야.

재료(2인분)

떡 8개
메추리알 10알
순대 80g
나무꼬치 6개
식용유 넉넉히

반죽
튀김가루 120g
감자전분 1숟가락
찬물 1컵(180ml)

소스
물 5숟가락
다진 마늘 1숟가락
고추장 1숟가락
케첩 1숟가락
진간장 1숟가락
물엿 3숟가락
설탕 1숟가락

뚝딱이형에게 배우는 요리 노하우

형! 떡 튀기면 위험하다고 들었는데요!

냉동 떡을 튀기면 떡이 터지며 튀어 올라 위험한 거야. 반드시 냉장 보관한 떡을 사용해야 떡을 안전하게 튀길 수 있어!

형! 저는 소시지도 튀기고 싶은데요!

굿 아이디어로구나. 휴게소 명물 소떡소떡처럼 떡과 번갈아 가며 끼워서 튀겨도 정말 맛있겠지?

형! 엄마가 라면땅 해먹어도 된다는대요?

모전자전 맛잘알이구나! 남은 소스는 버리지 말고 에어프라이어에 구운 라면에 발라 먹으면 정말 맛있어. 나의 유년기가 생각나는 추억의 간식이지.

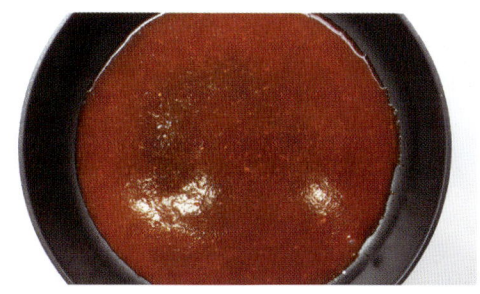

1 팬에 소스 재료를 모두 넣고 약불에서 살짝 졸인다.

2 떡, 메추리알, 순대를 나무 꼬치에 끼운다.

3 볼에 반죽 재료를 모두 넣고 섞는다.

순대꼬치는 두 번 튀겨 바삭함을 더해줘.

4 팬에 식용유를 넉넉히 붓고 달군 다음 꼬치에 반죽을 입혀 튀김옷이 노릇해질 때까지 튀긴다.

5 마지막으로 소스를 꼼꼼히 바르면 완성!

RECIPE 98

흑당토스트

오늘도 스트레스 잔뜩 받아버린 수많은 잼민이들 위해 특별 디저트를 준비했어. 이런 날 달콤하고 고소한 흑당토스트 한번 만들어 먹어봐. 쌓였던 짜증이 한 번에 풀리고 다시 온화해질 거야. 평소 흑당 들어간 디저트를 즐겨 먹는다면 특히나 애정하게 될 디저트가 될 거니까 추천할게.

재료(1인분)

식빵 2장
체다치즈(슬라이스) 1장
모짜렐라치즈(슈레드) 2숟가락
흑설탕 1숟가락
버터 1숟가락
계핏가루 1/4숟가락

뚝딱이형에게 배우는 요리 노하우

형! 식빵이 새카맣게 타버리는데요?

잼민아, 흑당토스트는 step by step 천천히 만드는 게 중요해. 새카맣게 탔다면 잼민이가 불 조절에 실패한 거야. 설탕이 타지 않게 천천히 녹여 캐러멜라이징 하는 것이 이 요리의 핵심이야. 최대한 약불로 두는 것이 중요하단다.

형! 저는 집에 계핏가루 없는데요?

잼민아, 나를 믿고 꼭 넣어보렴. 흑당토스트에서 계핏가루를 뺀다는 건 마치 와이프 없이 혼자 있는 나 자신과 같단다. 계핏가루는 흑당토스트에서 반드시 있어야 하는 재료니 꼭 준비하도록 해!

> 버터는 냉장고에서 미리 꺼내 상온 상태에서 사용해줘.

1 볼에 흑설탕, 버터, 계핏가루를 넣고 잘 섞어 흑당소스를 만든다.

2 흑당소스를 각 식빵의 한쪽 면에만 얇고 고르게 바른다.

> 타지 않게 조심해.

3 팬에 흑당소스를 바른 면이 아래로 향하도록 놓고 식빵 한 장에만 윗면에 체다치즈와 모짜렐라치즈를 올린 뒤 초약불에서 천천히 바삭하게 굽는다.

4 흑당소스만 발라 구운 식빵으로 덮으면 완성!

RECIPE 99

호떡믹스핫도그

호떡믹스를 활용해서 핫도그 만드는 방법을 알려줄게! 실패 없이 손쉽게 핫도그 반죽을 만들 수 있을 뿐만 아니라 더욱 쫀득한 식감의 핫도그가 완성될 거야! 간단하지만 정성이 들어간 특별한 간식을 직접 만들어 먹고 싶을 때 추천!

재료(5개)

찹쌀호떡믹스 1상자(540g)
소시지 200g
가래떡 100g
모짜렐라치즈(블록) 100g
감자 1개
식용유 적당량
케첩 조금

뚝딱이형에게 배우는 요리 노하우

형! 저는 감자 말고 고구마를 좋아하는데요?

고구마핫도그도 달달하니 맛있어. 고구마 1개를 작게 썰어 감자 대신 반죽에 붙이면 돼.

형! 튀기는 것 대신 에어프라이어를 사용해도 되나요?

익히지 않은 반죽이어서 에어프라이어로는 잘 튀겨지지 않아. 에어프라이어를 사용하고 싶다면 먼저 기름에서 1차로 튀겨낸 뒤, 기름을 빼면서 더욱 바삭하게 만드는 용도로 사용하는 것이 좋아.

형! 반죽이 손에 자꾸 달라붙어요.

우리 잼민이가 불편하다면 해결해 줘야지. 호떡 반죽은 끈적여서 손에 잘 달라붙어. 그럴 땐 손에 식용유를 발라 반죽을 만지면 덜 끈적일 거야. 반죽을 놔둘 용기에도 식용유를 조금 발라 놓으면 핫도그가 바닥에 달라붙는 걸 방지할 수 있어.

1 감자는 작게 자른 다음 물에 담가 전분기를 뺀다.

2 소시지, 가래떡, 모짜렐라치즈는 핫도그 크기에 맞게 잘라 꼬치에 끼운디.

3 호떡믹스 포장지에 적혀있는 조리법대로 반죽을 만든다.

형! 왜 반죽이 외로워 보이죠?

4 꼬치에 호떡믹스 반죽을 입힌다.

그게 다 어른이 되는 과정이란다.

5 썰어둔 감자를 반죽 위에 붙인다.

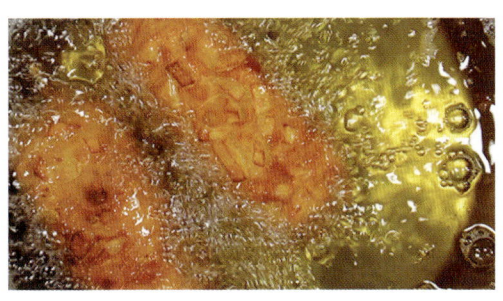

6 160℃로 예열한 기름에 핫도그를 넣고 11분 간 튀긴다.

7 호떡믹스의 호떡소 설탕을 핫도그 표면에 골고루 뿌린다.

8 취향에 따라 케첩을 뿌리면 완성!

RECIPE 100

씨앗호떡볶이

부산의 명물음식이자 대표 길거리 음식으로 자리 잡은 씨앗호떡 소스에 떡을 넣어 떡볶이를 만들면 어떨까? 말해 뭐 하니~ 맛있는 음식에 맛있는 음식을 더하니 당연히 맛있는 법이지. 와이프가 어이없어서 웃음이 나오는 맛이래. 이색 떡볶이를 손쉽게 만들어 먹고 싶은 분들께 추천해.

재료(2인분)

떡볶이떡 300g
식용유 적당량
씨앗믹스 50g

소스
물 1컵(180㎖)
물엿 1컵(180㎖)
흑설탕 1/2컵(90g)
진간장 2숟가락
굴소스 1숟가락
계핏가루 1/3숟가락

뚝딱이형에게 배우는 요리 노하우

형! 기름 예열할 때 적정 온도를 어떻게 확인해야 하나요?

튀김용 나무젓가락 끝을 기름에 넣어 보고 주변에 보글보글 작은 기포가 생기면 예열이 완료된 거야!

형! 떡 튀길 때 떡이 터질까 봐 무서워요!

냉동 떡 말고 냉장 보관한 떡을 사용해야 된단다. 강불로 한 번에 많이 튀기면 떡이 터져 다칠 수 있으니 중약불로 천천히 튀기도록 해. 떡에 이쑤시개 등으로 구멍을 뚫어 떡 속의 공기를 빼는 것도 한 방법이야. 아, 그리고 쌀떡보다 밀떡이 덜 터지니까 가능하면 밀떡을 써보도록. 잼민아, 쫄지 마!

형! 집에 씨앗믹스가 없는데요!

씨앗호떡볶이에 씨앗믹스가 빠지면 앙금 없는 단팥빵과 같지! 꼭 준비해야 하는 필수 재료란다.

형! 잼민이는 씨앗호떡꼬치로 먹을래요!

정말 좋은 생각이구나. 완성한 씨앗호떡볶이를 꼬치에 끼워 먹으면 바로 씨앗호떡꼬치지!

형! 여기에 꿀만 찍어도 맛있어요.

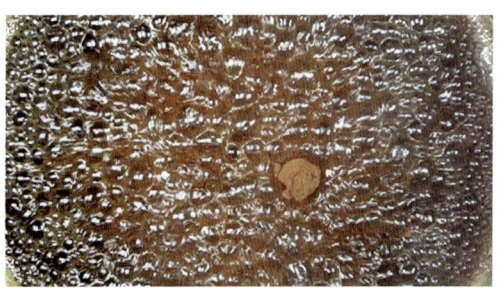

1 팬에 떡이 반쯤 잠길 만큼 기름을 붓고 예열한 뒤, 떡볶이떡을 넣고 중약불로 겉면이 살짝 부풀어 오를 때까지 튀겨서 건져둔다.

2 다른 팬에 소스 재료를 모두 넣고 중약불에서 잘 섞는다.

3 소스가 끓기 시작하면 튀겨둔 떡을 넣고 소스가 고르게 배도록 잘 섞어가며 강불에서 5분간 졸인다.

4 마지막으로 씨앗믹스를 넣고 한 번 섞으면 완성!

인덱스

ㄱ
간장닭조림 • 160
간장돼지갈비찜 • 152
간장두부조림 • 102
계란북이 • 162
고기국수 • 126
고기짬뽕라면 • 202
고깃집볶음밥 • 192
고추장마늘보쌈 • 120
고추장찌개 • 24
고추참치순두부찌개 • 200
골뱅이무침 • 68
곱창전골 • 34
국물 없는 김치찌개 • 154
국물닭발 • 48
국물제육볶음 • 176
기사식당 뚝배기불고기 • 76
김치말이국수 • 70
김치삼겹살솥밥 • 132
김치어묵우동 • 216
김치전 • 186
김치찌개 • 30
꼬막무침 • 80
꽁치김치찜 • 98

ㄴ
낙곱새 • 60
낙지볶음 • 168
노오븐타르트 • 222

ㄷ
다시마보쌈 • 92
닭갈비 • 108
닭개장 • 82
닭떡볶이 • 148
닭볶음탕 • 42
닭한마리 칼국수 • 124
동태찌개 • 86
돼지갈비감자탕 • 146
돼지고기짜글이 • 90
된장삼겹살 • 180
된장술밥 • 130
된장짜글이 • 104

ㄷ
된장찌개 • 26
두부두루치기 • 106
두부조림 • 46
등갈비김치찌개 • 156
등뼈칼국수 • 96
떡꼬치·메추리알꼬치·
순대꼬치 • 224

ㄹ
로제떡볶이 • 50
로제찜닭 • 40

ㅁ
마늘보쌈 • 136
마라크림파스타 • 196
마파통삼겹조림 • 142
매운돼지갈비찜 • 150
매운등뼈찜 • 94
매운소갈비찜 • 44
명란비지찌개 • 122
무뼈닭발볶음 • 56
묵은지곱도리탕 • 32

ㅂ
버터치킨카레 • 164
부대찌개 • 28
분식집떡볶이 • 170
불고기샌드위치 • 138
불닭덮밥 • 206
비빔국수 • 64
빨간어묵 • 114
빨간잡채 • 184

ㅅ
삼겹살간장조림 • 100
소고기된장국수 • 182
순두부대찌개 • 194
순살바비큐치킨 • 78
순살소갈비찜 • 74
스팸고추장볶음 • 208
스팸짜글이찌개 • 212
씨앗호떡볶이 • 230

ㅇ
얼큰떡국 • 178
얼큰샤브샤브칼국수 • 62
오돌뼈볶음 • 58
오리불고기 • 118
오므라이스 • 134
오징어볶음 • 52
오징어젓갈볶음밥 • 188
원팬잡채 • 110
유자등갈비조림 • 166
인절미 • 220

ㅈ
제육볶음 • 54
짜파게티라볶이 • 214
쫄면 • 174
쫄면순두부 • 66
찜닭 • 158

ㅊ
차돌육개장칼국수 • 36
참치고추장볶음 • 210
찹스테이크덮밥 • 112
청국장 • 38
치즈김치볶음밥 • 72
치즈밥 • 128

ㅋ
콩나물불고기 • 116

ㅌ
통삼겹김치찜 • 88
통새우전 • 140

ㅎ
항정살꽈리고추조림 • 172
해장라면 • 204
호떡믹스핫도그 • 228
홍합죽 • 190
흑당토스트 • 226